真宗ルネッサンス

日本真宗の黎明

＊＊＊＊＊＊＊＊＊＊＊＊＊＊＊＊＊
真宗とは仏の真言
真宗は宇宙的真実
全人類への贈りもの
現代人の誰もが納得
＊＊＊＊＊＊＊＊＊＊＊＊＊＊＊＊＊

北村文雄

永田文昌堂

目次

前編　真宗の巨星

後編　親鸞聖人と性信房

前編

真宗の巨星

まえがき

「真宗の巨星《きょせい》」と言えば誰しもまず親鸞聖人を頭に思い浮かべることでしょう。そしてもうお一人《ひとり》挙《あ》げるとすれば、教義の上から存覚上人《ぞんかくしょうにん》のほかに、どなたもいらっしゃらないと思います。なのになぜか当の本人の存覚上人は、真宗の表舞台《おもてぶたい》に出て来られず、ややもすれば、忘れられがちになっているのが残念なところです。

近江路《おうみじ》の錦織寺《きんしょくじ》に来て静かな佇《たたず》まいの中で在《あ》りし日の昔を偲《しの》んでみますと、仏法《ぶっぽう》に寄《よ》せる人々の熱い心や願いがひしひしと感じられます。ここに真宗黎明における歴史物語が始まり展開されていくのですが、みほとけの尊《とうと》い御法《みのり》を私たちの身元《みもと》にお届《とど》けくださった親鸞聖人とその玄孫《げんそん》（孫の孫）の存覚上人ご在世《ざいせ》の頃を中心にして真宗王国が繁栄《はんえい》していった夢《ゆめ》の跡《あと》を追ってみたいと思います。

さきに碩学辻《せきがくつじ》圓證和上《えんしょうわじょう》が著《あらわ》された『錦織寺物語』の筋に従いながら、『錦織寺伝絵記』や『存覚上人一期記《いちごき》』（谷下一夢《たにしたいちむ》著）等の文献をも照合《しょうごう》しながら、できる限り歴史的事実に忠実《ちゅうじつ》な描写《びょうしゃ》で、しかも仏の真実に基《もと》づくロマンを交《まじ》え、名もない民衆《みんしゅう》の生きざまや心情《しんじょう》にも触《ふ》れつつ進めていきたいと思います。

親鸞聖人の真宗にこめられる究極《きゅうきょく》の願いは「涅槃《ねはん》の真因《しんいん》は信心《しんじん》にあり」と言われる通り「いろもなくかたちもましまさぬ不思議なみほとけのおはたらきを信じる」ことから始まります。さらに「世のなか安穏《あんのん》なれ、仏法ひろまれ」と願われたお心は現在の混迷《こんめい》した世界にも通ずる悲願《ひがん》で尊く私たちの胸に迫るものがあります。この歴史物語を読み味わうことによって、存覚上人《ぞんかくしょうにん》のお言葉にも触れることができ、信心の喜びに浸《ひた》り、現代社会に生きる普通一般の人なら誰もが希求《ききゅう》し親《した》しめる真宗として納《なっ》得《とく》していただけるものと信じつつ、真宗黎明《れいめい》の歴史《れきし》とロマン探訪《たんぼう》への歩を進めたいと思います。

令和二年三月

著者　北村文雄

第一話　毘沙門《びしゃもん》さまがやって来た

　ここは近江《おうみ》の国、琵琶湖《びわこ》の南に広がる田園地帯で野洲《やす》の郡《こおり》の一村です。東にはおにぎりのような形をした三上山《みかみやま》、「近江富士」、西の方には琵琶湖を隔《へだ》てて遙《はる》か彼方に比叡山《ひえいざん》が仰《あお》げます。京都の人はこのお山を「みやこの富士」とも呼んでいます。東を見ても西を見ても「富士のお山」が仰げます。春にはあたり一面菜の花畑、秋には稲穂の金波が輝きます。

　この長閑《のどか》な里にその昔、天安《てんなん》の御代に一本の松の木が生えて一夜のうちに一丈六尺にまで成

長しました。夜が明けて村人たちが集まって来て、この不思議なようすにみんな驚きました。また何かめでたいことがあるような期待もあって賑《にぎ》わっていました。折からそこに若いお坊さんが通りかかり、村人たちから、この不思議な松の木の話をくわしく聞いて大変喜ばれたようすでした。

実はその若いお坊さんこそ、当時延暦寺《えんりやくじ》第三代座主《ざす》円仁和尚《えんにんかしよう》の弟子の円智《えんち》さんだったのです。円智さんは、師匠座主《ざす》の命令を受けて、この地にお堂を建てて毘沙門天《びしやもんてん》王像《おうぞう》ご一体を比叡山から移すという大切な仕事を仰せつかっておられたのです。

さてこの毘沙門天王像は、比叡山延暦寺の開基最澄和尚《さいちようかしよう》（伝教大師）が天台宗を創められる時、東塔北谷《とうとうきただに》にあった霊木《れいぼく》を以て造られたもので、鞍馬《くらま》の毘沙門天王像と同木同作の霊像《れいぞう》であると言われています。これが将来近江の国のしかるべき所に念仏門を興隆《こうりゆう》するために安置すべき思し召しで準備して置かれたものと考えられます。

円智さんは、大工数名を引き連れてきて、一宇のお堂を建てさせて、そのお堂の中に恭《うやうや》しく安置し、供養《くよう》式を営みました。時は天安二年（八五八年）のことでした。だからこのお堂のことを「天安堂《てんなんどう》」と呼んでいるのです。

その後は、この毘沙門さまにお参りする人々が多くなり、多くの人家も建ち並び、一つの村ができました。めでたい木の辺《ほとり》という意味で木辺村と名づけられました。

＊円仁和尚：慈覚大師

＊最澄和尚：伝教大師

第二話　親鸞聖人毘沙門堂にお立ち寄り

時代は移り変わって鎌倉時代になりました。親鸞聖人は関東から帰洛《きらく》の途上、嘉禎《かてい》元年四月下旬の夕暮れに毘沙門を訪ねてこられました。それは一つ先の宿で、毘沙門さまが夢のお告げをなさったからと言われていますが、ただそれだけではなく聖人第一の弟子の性信《しょうしん》さんの強いお勧《すす》めがあったとも考えられます。またこの性信さんは次に登場《とうじょう》する石畠《いしばたけ》さんとも深い関わりがあると思われますが、このお話は後に譲《ゆず》ることにします。

『伝絵記《でんえき》』を見ますと、親鸞聖人が、この地を訪れ、毘沙門さまのお堂にお参りされたことが次のように描かれています。

夕方になって、泊まる宿を探しておられましたところ、お堂の前の庭に一本の大きな松の木がありました。聖人は、松の木の枝に、背負ってきた笈《おい》をお掛けになって、毘沙門さまにお参りなされました。その時、寺僧が現れ、

「師はどちらからお越《こ》しになったのですか。」と尋《たず》ねられました。

「私はあちらこちらを行脚《あんぎや》する旅の僧ですが、日もすでに暮れましたので、このお堂で泊まってもよろしいですか。」

と聖人が言われると、

「それならどうぞ、ごゆっくりお泊まりください。」

と快《こころよ》く承知《しようち》してくれました。

その夜のことです。聖人の夢の中に毘沙門さまが現れて次のようにお告げになりま

した。

「この地で弥陀《みだ》を安置《あんち》して、仏法を興隆なさるのなら、私はよくお護りします」と。そうです、この毘沙門さんは「多聞天《たもんてん》」とも言われ、仏法擁護《ぶっぽうおうご》の神様なのです。

第三話　地頭《じとう》の石畠資長《いしばたけすけなが》氏

そのころから武士が朝廷《ちょうてい》に代わって日本の国を治《おさ》めるようになり、鎌倉《かまくら》に幕府《ばくふ》を開きました。そして地方の国々に守護《しゅご》とか地頭《じとう》という役人を置き、年貢《ねんぐ》の取り立てや地方の治安警備《ちあんけいび》などに当たらせました。近江の国にも、この木辺の地に石畠資長という地頭が派遣《はけん》されて来ました。

この人は関東の那須《なす》地方の出身で、「扇の的《おうぎのまと》」で有名な那須与一ゆかりの那須家一党の武士だとも言われています。毘沙門天王の信仰《しんこう》にも篤《あつ》い志を懐《いだ》き、毎日朝夕お参りしておられたことでしょう。

この石畠氏は、かねてより親鸞聖人第一の弟子の性信《しょうしん》房とのお知り合いであり、この度の聖人のお立ち寄りのことも性信房からのお便りで、あらかじめ知らされていました。

また石畠氏は、その日の夕方、寺僧からも聖人のご到着のお知らせを受けました。その夜の夢の中に毘沙門さまが現われ、聖人に念仏の教えを受けるようにお勧めになりました。

その翌日、石畠氏は朝早くお堂に馳《は》せ参じると、毘沙門さまの傍《かたわ》らに座っておられる親鸞聖人のお姿が目に入りました。性信房の書状により、かねてから頭に描いていた通り尊いお姿でした。石畠氏は聖人の前で深々《ふかぶか》と頭を下げ、うやうやしく申しました。

「これはこれは、親鸞聖人さま、この度はようこそこの木辺の地にお越しくださいました。それがしはこの地の長《おさ》石畠民部太輔《みんぶだゆう》でございます。ご尊顔《そんがん》を拝することができまして、まことにうれしく存じます。聖人さまのお徳については、それがしの尊敬する性信ご房より重々《じゅうじゅう》承っており、今日まで首を長くしてお待ち受けいたしておりました。」

「それはそれはご丁重《ていちょう》なるご挨拶《あいさつ》をいただき、かたじけのう存じます。性信房のよしみにあずかり、お会いできたこと、私も嬉しく思います。」

「さっそくでございますが、聖人さまにはこの地にしばらくご逗留《とうりゅう》いただき、私ども田舎の民にもお念仏の み教えに遇わせていただけますようご教示《きょうじ》賜りたく存じます。何とぞよろしくお願い申し上げます。」

「まことに結構なご縁です。私も皆さんと共に阿弥陀さまの本願によりお浄土へ導かれる身です。この地の皆さんと共にお念仏の喜びを味わわせていただくため、しばらくここに逗留《とうりゅう》することにしましょう。」

このようにして親鸞聖人がこの木辺の地で念仏のみ教えをお広めになる話がまとまりました。

聖人は霞ヶ浦《かすみがうら》の湖底より引き上げられたという弥陀《みだ》の坐像《ざぞう》を本檀《ほんだん》に安置し、毘沙門天王を別檀に移して、ひたすら弥陀を念じて他力信心の道にいそしまれました。

この弥陀《みだ》像は親鸞聖人が帰洛の旅の道中、常々《つねづね》笈の上に載せて大切にお持ち運びなされてきたものです。

初めのしばらくは道場としてこの毘沙門堂を使うことになりました。

石畠資長氏は「願明《がんみょう》」という法名を賜《たまわ》り、毘沙門堂の横にもっと大きなお堂を建ててその内陣本檀にかの弥陀の坐像を安置して、聖人に念仏のみ教えを広めていただくための道場としました。このお堂のことを人々はいつしか「阿弥陀堂」と呼ぶようになりました。こうしてここが親鸞聖人じきじきのみ教えを正しく承《う》け、他力信心に勤《いそ》しむ人々の道場になって発展していったのです。

＊願明：『伝絵記』の記述通り。『一期記《いちごき》』では善明

親鸞聖人は、この地にしばらくご逗留《とうりゅう》なされ、念仏教化弘通《きょうけぐずう》の後、一旦京へお帰りになり、帰洛後のお住まいが落ち着いてから後にこの地と京との間を何度か往き来しておられたものと考えられます。

そしてこの地に初めてのご縁ができた嘉禎元年以来三年の月日が流れましたが、その間この阿弥陀堂にご逗留なされ、御みずから一向専《いっこうもっぱ》らに弥陀を念じて仏恩報尽《ぶっとんほうじん》に勤められ、他力信心の肝要をお示しいただいたので、遠近《えんきん》、老若男女《ろうにゃくなんにょ》、身分を問わず、多くの人々が、聖人を尋ね、門前を賑やかすようになりました。

時あたかも暦仁《りゃくにん》元年七月六日の夜中にこの阿弥陀堂あたりの空が不思議な光りに照らされて堂中には芳香《ほうこう》が漂《ただよ》い、天の雅楽《ががく》はほがらかになりわたり、内陣で天女が錦《にしき》織《お》る光景が見られました。

一夜明けてあくる朝、仏前に横三尺縦一丈五尺の紫香《しこう》に輝く錦が供えられていました。それを時の天皇四条帝《てい》に献上《けんじょう》したところ帝《みかど》は叡感《えいかん》のあまり錦を返還なされ、「天神護法錦織之寺」という勅額《ちょくがく》を賜《たまわ》りました。このような謂われがあって、このお寺を「錦織寺」と呼ぶようになりました。

その後ますますこのお寺は繁栄していって、本願力に輝く念仏の王国となりました。

第四話　仏法《ぶっぽう》を護《まも》る天神《てんじん》さま

四条天皇からいただいた勅額《ちょくがく》に「天神護法」とありますが、この天神とは、言うまでもなく毘沙門さまのことですね。ところでこの神さまは日本の古い昔からおられる神さまで、天神さまとして親しまれてきましたが、実はこの神さまは日本生まれではなくインド生まれの神さまで、ほとけさまに仕えて仏法をお護りする神さまなのです。別の名を「多聞天《たもんてん》」とも言います。仏教の世界では須弥山《しゅみせん》の第四層におられる四天王の一神です。夜叉《やしゃ》、羅刹《らせつ》を率いて北方を守護する善神と言われています。その昔聖徳太子が、排仏派《はいぶつは》の物部守屋《もののべもりや》と戦って苦しい中にも勝利を得られたのも、この神さまのお護りがあったお陰だと、誰もが信じていました。聖徳太子もそのお徳を讃えて難波《なにわ》の都に四天王寺を建てられました。四天王とは、東方を守る持国天《じこくてん》、南方を守る増長天《ぞうじょうてん》、西方を守る広目天《こうもくてん》、北方を守る多聞天《たもんてん》（毘沙門天）のことです。

ところで「天神さま」と言えば、日本の誰もが、天満宮《てんまんぐう》を思い浮かべて学問の神さま菅原道真《すがわらのみちざね》のことと思うでしょう。そして子どもの頃から歌い慣れてきた「通りゃんせ」の歌に結びつくでしょう。しかしこの歌はあとが何だかミステリックで気持ちが悪いですね。「行きはよいよい」と言っておきながら「帰りはこわい、こわいながらも通りゃんせ、通りゃんせ」なんて言っているけど、そんなこと言われたら本当に通れますか。歌だから何となく聞き流して来たけれども、まともに受け止めたら、ちょっと不安で誰も通る気にはなれませんね。

この歌詞《かし》は江戸時代に作られ作詞者不明とか、野口雨情の作詞とかの説があったりして、作詞者についても歌詞の意味についても謎《なぞ》めいた所が見られます。「神隠し」とか「間引き」など、当時の貧困な庶民にとっては子どもは可愛いながらも育てにくいという暗い陰にまとわれ、七歳までの子は神さまから預かってるという気持ちで育てていたそうです。そして無事に七歳まで成長したお祝いに、その預かり札《ふだ》を天神さまにお返しに行く光景を歌っているんですね。心優しい天満宮の門番さんなら「そこでお札を返すのはいいけれど、これから先は人の子として親が子を護らなければなりません。帰りに鬼が出てきて子どもをさらっていくかも知れないけれど、それでもいいなら、どうぞ、お通りなさい。」とおっしゃって

通りゃんせ
通りゃんせ　通りゃんせ　ここは　どこの細道じゃ
天神さまの細道じゃ　ちょっと通して下しゃんせ
ご用のないもの通しゃせん
この子の七つのお祝いにお札《ふだ》をおさめに参ります
行きは　よいよい　帰りは恐《こわ》い
恐いながらも通りゃんせ　通りゃんせ

いるのでしょう。

同じ天神さままでも仏法を守る神さまの毘沙門さまなら、こんな時どのようにおっしゃるでしょうね。

この道は世間《せけん》の道理福徳を求める人が通る道ではなく、仏法を求め、ほとけさまに親《した》しみたい人だけが通る道ですよ。ほとけさまにご用のない人は通っても何のご利益もありません。お母さんの命も子どもさんの命もどちらも仏さまからの大事な預《あず》かり

ものです。だから七つの時だけがめでたいのではなく、命そのものがめでたい出逢いなのです。現にこうして親子そろって天神

ふたりの命のおめぐみに　お札の供養に参ります
行きも　よいよい　帰りも　よいよい
いいことずくめで通りゃんせ　通りゃんせ

さまにお参りできるのも仏さまのおはからいによる縁が熟しているからです。

毘沙門さまにお参りしたら「通りゃんせ」の歌もこのように明るく様変わりして、親子共々《ともども》命の尊さと信心の喜びを感得《かんとく》できるでしょう。

第五話　まゆ屋の娘　きぬ

毘沙門堂の近くに虫生《むしゅう》という村がありました。ここはあたり一面桑《くわ》畑が広がり、早くから養蚕《ようさん》のしごとが盛んに営《いとな》まれていました。きぬのお家は大きな　まゆ屋で、大《おお》勢《ぜい》の人を雇《やと》って絹糸《きぬいと》を紡《つむ》いだり、真綿《まわた》造りをしていました。きぬは毎日のように何百

何千というたくさんの繭《まゆ》が仕事場に運び込まれ、大きな釜《かま》でゆでられたあと、これまた何百何千という　さなぎの死骸《しがい》が出てくるようすを目《ま》の当たりに見ていました。きぬは心の優しい、信心深い娘でした。だから繭の中に眠っている蚕のさなぎが命を奪《うば》われ、闇《やみ》から闇へと葬《ほうむ》り去られて、このように哀《あわ》れな姿となって出てくるのを見ると、かわいそうでたまりませんでした。きぬは子どもの頃からお母さんのお手伝いで、たくさんの蚕の世話をしてきましたが、飼っている間に、どの蚕にもそれぞれの可愛さがあるので、愛着心《あいちゃくしん》がわいてきて、一匹一匹に優しい心づかいを持って育てていました。繭を作っても、よく見ると、形も大きさも皆違います。きぬは特に蚕が繭を作るときの不思議な光景に気を引かれて始めから終わりまで、じっと見入っていることがよくありました。口からは無色《むしょく》で透明《とうめい》な

液《えき》を出しているのに、それがいつの間にか純白《じゅんぱく》に輝く細い筋《すじ》になって口の動きと共に次々と繭の一部に変わっていくさまは、いつ見ても神秘的《しんぴてき》で、ある種の敬虔《けいけん》ささえも感じられるのでした。蚕にとっては、さなぎになってしばらく安穏《あんのん》に休息《きゅうそく》するために自分で作った最高のお城なのでしょうか。みんなそれぞれたった一つしかない命を守る大切な住み家《か》だから精いっぱいの力を出し切って作ったものに違いありません。だからどの繭を見ても貴く美しく輝いて見えるのでした。

ある日のこと、きぬはお母さんに言いました。

「お母さん、かいこたちはお気《き》の毒《どく》ね。こうしてたくさんの繭が絹糸となって、立派《りっぱ》な錦の織物ができ、美しくてすてきな衣服《いふく》もできて、私たち人間は生活が花やいで喜んでるけれど、その陰《かげ》でたくさんの虫たちの命がなくなっていくことは悲しいことね。何とかならないかしら。」

「そうね、ほんとに気の毒ね。でもこれがうちの家業《かぎょう》だから……どうにもならないわね。……せめて仏さまに手を合わせ、供養《くよう》の気持ちを捧《ささ》げましょうか。……」

お母さんが、このように言って手を合わせたので、きぬも、そっと涙《なみだ》をふいて手を合わせました。

きぬは親鸞聖人がお説教《せっきょう》なさる時は、欠《か》かさず阿弥陀堂に来て聴聞《ちょうもん》していました。そして聖人がいつの日かお話なされた「御仏《みほとけ》の本願力《ほんがんりき》にあずかっている命の尊さ」が、身にしみて、いつも胸に強く迫ってくるのでした。

春の野に咲く花も草木《くさき》も芽《め》も、野山を駆《か》けるけものたちも、梢《こずえ》にさえずる小鳥たちも、地に這《は》う虫たちも、海や川に泳《およ》ぐ魚たちも、みんなみんな人と同じように、みほとけから授かった命、たった一つの命を持っていて精《せい》いっぱい生きています。その中で人間は、ともすれば、他の生き物の命を粗末《そまつ》にしたり犠牲《ぎせい》にしていることがよくあります。人間だけの都合で人間だけの命や享楽《きょうらく》のために、他の生き物の命を奪ってしまうことがよくあります。だから、人はただ生きると言うだけでも多くの罪《つみ》を犯《おか》していることになります。

だれもが命の尊さを知り、優しい心と豊《ゆた》かな感性を持って生きていけば、世の中はもっともっと安穏になるでしょう。

きぬは、あの七月六日の朝も桑畑へ行って背中《せなか》の籠《かご》に桑の葉をいっぱい摘《つ》んで来て蚕たちにご馳走《ちそう》をふるまってあげました。ところが、その行き帰りの道中《どうちゅう》で、田んぼや畑の掘《ほ》り返《かえ》された跡《あと》に鍬《くわ》や鋤《すき》の刃《は》で斬《き》り殺《ころ》された小さな虫の残骸《ざんがい》を数知れぬほどたくさん見てきたので、その日は一日中《じゅう》気が晴《は》れないまま夜を迎《むか》えました。ちょうど七夕《たなばた》の前の宵《よい》だったので夜空に美しく輝《かがや》く星影《ほしかげ》がきぬの沈《しず》んだ心を癒《い》やしてくれました。そしてきぬの清《きよ》らかな心がよみがえり、虫《むし》たちの供養《くよう》のために阿弥陀堂へお参《まい》りに行ったのです。

その時きぬの優《やさ》しい心が天に通じたのか、天人二人が、星明《ほしあ》かりにキラキラと輝く美しい絹糸を胸にかかえて舞《ま》い降《お》りて来ました。そしてこの絹糸を作るために犠牲《ぎせい》となっ

た数《かず》知《し》れぬ蚕《かいこ》たちの命に捧げる供養のために、また、けなげな きぬの気持ちに報いるためにも、夜通《よどお》しで心を込めて織り上げました。だから、このように美しくて清らかで、神々しく輝き、紫《むらさき》に香《かお》る錦として織り上がったのではないでしょうか。如来大悲の恩徳《おんどく》の尊さがひしひしと胸《むね》に迫《せま》り来る思いが致《いた》します。

時あたかも七夕の前夜のことでした。

第六話　気高く輝く「満足の御影《みえい》」

当山《とうざん》の古伝《こでん》によりますと、親鸞聖人の代表作『教行信証』六巻のうち、前の四巻は常陸《ひたち》の稲田《いなだ》ご在住《ざいじゅう》の時にご撰述《せんじゅつ》なされ、「真仏土巻《しんぶつどかん》」と「化身土巻《けしんどかん》」の二巻はこの錦織寺で述作《じゅっさく》なされたと伝えられています。即ち、嘉禎《かてい》二年（一二三六年）正月下旬から取りかかられて、翌《よく》年四月中旬に至って著述《ちょじゅっ》の功《こう》を成《な》し得《え》たと言われています。

その時聖人は次のように仰せになりました。

「私は元久《げんきゅう》二年（一二〇五年）に師の法然《ほうねん》上人より特別のお許しを得て『選択集《せんじゃくしゅう》』を書き写させていただきました。その同じ年の四月十四日に、法然上人のご真影《しんえい》を描《えが》いて差《さ》し上げました。これこそ専修念仏《せんじゅねんぶつ》の功徳であり、安楽往生のしるしであると思います。それ以来今に至るまでずっと師の極みなきご恩を仰いでいるところであります。この際《さい》に愚《おろ》かな私の狭《せま》い考えをも顧《かえり》みず、真宗《しんしゅう》究極《きゅうきょく》の謂《い》われを書きとめ、浄土《じょうど》往生《おうじょう》に必要《ひつよう》な文を拾《ひろ》い集めてすべて書き終《お》えることができました。」

『教行信証』撰述《せんじゅつ》の時期《じき》については諸説《しょせつ》あり、それぞれの文献《ぶんけん》を根拠《こんきょ》としてなり立っていますが、この『伝絵記』の説は一般的に所謂《いわゆる》歴史的事実からかけ離《はな》れた特異《とくい》な記述《きじゅつ》となっているために、一般的《いっぱんてき》には認《みと》められにくいものです。しかしこのような記述が生まれた背景《はいけい》を考える時、親鸞聖人の多年《たねん》に渉《わた》るご苦労《くろう》の成果《せいか》を修行《しゅぎょう》に報《むく》いる仏果《ぶっか》として顕彰《けんしょう》讃嘆《さんたん》することがあってもよいのではないかと思われます。否《いな》むしろ私はそうあるべきだと思いますし、これこそ錦織寺のみが成《な》し得《え》た快挙《かいきょ》だと思います。

ここにおいて聖人は、真宗に懸かる一大撰述《せんじゅつ》をすべて成就《じょうじゅ》なされ、そのお書物《しょもつ》を前にして、大いなる満足感《まんぞくかん》のうちに、「諸根悦予　姿色清浄　光顔巍巍」の様相《ようそう》を呈《てい》しておられました。お側《そば》に侍《じ》していた弟子《でし》の善性房《ぜんしょうぼう》がそのお姿を拝見して、何とも言えない尊さに感じ入っていました。

＊善性：『伝絵記』の記述通り。『存覚袖日記』では願性となっている。横曽根性信《よこそねしょうしん》の弟子《でし》

「聖人さま、これらのお書物はまことに立派な尊い真宗の宝でございます。見る者も聞く者も、覚《さと》りやすく、信じやすく、希《まれ》にしか見られない、最も勝《すぐ》れたお書物です。なおこの上にお願いがあるのですが、聖人さまのご真影《しんえい》を絵に描いて末弟《まってい》の世にまで伝《つた》え遺《のこ》すことができますれば、私どもは慶喜《きょうき》のいたりでございます。どうかこの願いをお聞き入れください。」と再三申《さいさんもう》し出たところ、聖人もその志《こころざし》に打《う》たれて応《おう》じられることになりました。寺伝《じでん》では「自《みずか》ラマムキノ影像《えいぞう》ヲエガキ終《おわ》リ」とありますが、「御影《みえい》」を拝見《はいけん》しますに、これだけ綿密《めんみつ》で繊細《せんさい》な手法《しゅほう》が施《ほどこ》され、多彩《たさい》な色調《しきちょう》で描かれているのは、相当勝《そうとうすぐ》れた絵師《えし》にしか成《な》し得《え》ないことではないかという疑問《ぎもん》が生《しょう》じて

きます。しかしここではご自分で描かれたか否かを問題にするよりも、この絵がどういう意味を持って生まれ出たものか、親鸞聖人の御教《みおし》えの中でどのように位置《いち》づけようとする意図《いと》があるのか等を推測《すいそく》することの方が重要《じゅうよう》だと思われます。

この御影《みえい》は、聖人の御影の中で外《ほか》のどれと比《くら》べてみても著《いちじる》しく異《こと》なる点が数多《かずおお》く見られます。

一　普通《ふつう》の肖像画《しょうぞうが》とは違《ちが》って肉体的個性《にくたいてきこせい》や特徴《とくちょう》を抑《おさ》え、象徴的概念的表現《しょうちょうてきがいねんてきひょうげん》を以て、真向《まむ》きの尊容《そんよう》が殆《ほと》ど左右対称《さゆうたいしょう》に描《えが》かれています。

二　暖色系《だんしょくけい》の落《お》ち着《つ》いた色調《しきちょう》で、表情《ひょうじょう》も明るく柔和《にゅうわ》であり、阿弥陀如来の尊容《そんよう》を思わせます。（カラー版「満足の御影」参照）

三　前の経机《きょうづくえ》の上に整然《せいぜん》と並べられた鈔物《しょうもつ》『教行信証』六軸《じく》、聖人のまなざし等から、「世のなか安穏《あんのん》なれ、仏法《ぶっぽう》ひろまれ」との祈願《きがん》が偲《しの》ばれます。

右の特質《とくしつ》から考えますと、この御影《みえい》が聖人御自《おんみずか》ら描かれたということは、おそらく歴史的事実というよりも宗教的ロマンの産物《さんぶつ》ではないかと推察《すいさつ》されます。それは聖人が『教行信証』という大作《たいさく》を為《な》し終《お》えられた大慶《たいけい》のご様相《ようそう》を具現《ぐげん》するために、時期《じき》も場所《ばしょ》も異《こと》なる事実《じじつ》を一つの場面《ばめん》にまとめ上げ、特殊《とくしゅ》な文脈想定《ぶんみゃくそうてい》のもとに描かれた絵と思われます。

この「満足《まんぞく》の御影《みえい》」こそ真宗一流の貴重《きちょう》な宝物《ほうもつ》であり、これを拝見《はいけん》すれば、誰もが聖人のご満悦《まんえつ》なる様相を以てそのまま釈尊 出世《しゅっせ》の本懐《ほんがい》に際しての五徳瑞現《ずいげん》にも等しい光景《こうけい》を思い描くことでしょう。このような宗教的ロマンは人間世間の歴史的事実よりも仏の真実として、より高く評価されるべきものです。そしてこのような仏の真実をロマンとして創作《そうさく》できる人は当時の日本には存覚上人を除《のぞ》いては誰もおられなかったと言っても過言《かごん》ではないと思います。また明らかに御影堂《みえどう》中央本檀《ほんだん》に掲《かか》げる本尊として描かれたものであるに違いありません。

当時の錦織寺を取り巻く事情《じじょう》から推《お》し量《はか》ってみますと、この「御影」成立に至るまでの企画《きかく》と御影堂建築《けんちく》には、存覚上人の外《ほか》もうお一方《ひとかた》、錦織寺開基《かいき》とされる慈空上人が関《かか》わっておられるものと思われますが、ここからは、慈空房《じくうぼう》と呼ぶことにします。

慈空房の父願明《がんみよう》房は錦織寺を親鸞聖人の教えに基づく専修《せんじゅ》念仏の道場として護持《ごじ》してきましたが、親鸞聖人入寂《にゅうじゃく》後および願明房の享年《きょうねん》等の詳しい事情は不明のまま約六十年ばかり経過していますが、存覚上人三十三歳の時、父の覚如《かくにょ》上人に義絶《ぎぜつ》され、妻奈有《なう》さんの縁を頼《たよ》って、この錦織寺に身を寄せられて以後は頻繁《ひんぱん》に訪《おとず》れられるようになりました。また存覚上人は慈空上人を「錦織寺の大徳《だいとく》」と呼んで尊敬《そんけい》しておられました。だからこのお二人がこの錦織寺において親鸞聖人の偉大《いだい》なる教え真宗興《こう》隆《りゅう》という共通《きょうつう》の理想《りそう》を貫《つらぬ》こうとなされた夢の跡を追うことも、大変意義深いものだと思います。

第七話　信心のよろこび

親鸞聖人の仰《おお》せになる肝要《かんよう》は「涅槃《ねはん》の真因《しんいん》はただ信心《しんじん》を以てす」即ち「阿弥陀如来のおはたらきを信じることがいちばんの幸せにつながる。」ということです。

これは釈尊が仏法を説かれた時に仰せになった真言《しんごん》であり「涅槃（ニルヴァーナ）」とは宇宙的無限性《うちゅうてきむげんせい》のことを言い「真如《しんによ》」とも「第一義諦《だいいちぎたい》」とも言い、色も形も大きさも人間の分別《ふんべつ》で限定《げんてい》できない虚空《こくう》のようなもので、光も闇も何一つ存在しない状態《じょうたい》、即ち人が生まれる前の世界に還《かえ》った静寂《せいじゃく》さそのものを言います。その静止的《せいしてき》な不可思議の中に「縁起《えんぎ》」という動的《どうてき》な不可思議がはたらくことによって初めて何ものかが生じます。この世のすべてがこの「縁起」によって「涅槃」からこの世に現れ出でて、やがてもとの涅槃に還って行きます。私たちの命も同じように涅槃から縁起によってこの世に生まれ出て寿命《じゅみょう》を終えたら涅槃へ還って行きます。私たちは、今現に見聞きしているこの世の様相が本当のすがたであって、涅槃のように目に見えない仏の世界があるとは、なかなか信じられないものです。だからついつい命の尊さにも気づかずして、しかもその行方《ゆくえ》も知れないことに不安と戦《おのの》きを懐《いだ》き、悩み苦しみながら生きているのではないでしょうか。

しかし私たちの命をはじめ、すべてのものをこの世に送り出す「縁起」こそ仏のみが為し給う真実であり、その根源《こんげん》が「涅槃」であると信じて疑わなければ大きな安心と喜びが得られるということが、このお言葉によって示されているのです。

更に聖人は、正信偈《しょうしんげ》に

煩悩障眼雖不見《ぼんのうしょうげんすいふけん》　大悲無倦常照我《だいひむけんじょうしょうが》

と仏徳《ぶっとく》を讃嘆《さんたん》なされ、和讃《わさん》に

煩悩にまなこさえられて　摂取《せっしゅ》の光明《こうみょう》みざれども

大悲ものうきことなくて　つねにわが身をてらすなり

と詠《うた》われています。ここにも、私たちがこの世で生きて行く背景《はいけい》に、この「涅槃」という仏の功徳《くどく》が人という生命体と一体となって常にわが身にあふれるほど止むことなく降《ふ》りかかっていて、尚且《か》つ目に見えない不可思議な恵《めぐ》みとなっていることが示されているように思われます。

第八話　存覚《ぞんかく》上人って　どんな人？

存覚上人は、宗祖親鸞聖人の玄孫《げんそん》としてお生まれになりました。お父さんは本願寺宗主《しゅうしゅ》の覚如上人です。お父さんの覚如さんは、そのまたお父さんの覚恵《かくえ》さんの跡を継いで親鸞聖人の慰霊《いれい》のお祭りしてある大谷廟堂《びょうどう》の留守職《るすしき》を継《つ》がれました。そして間もなく廟堂を寺院に格上げするために境内《けいだい》の伽藍配置《がらんはいち》を整備《せいび》され、御影堂（聖人のお木像安置《もくぞうあんち》）の横に阿弥陀堂を置き、寺号《じごう》を「専修寺《せんじゅじ》」として比叡山に申請《しんせい》されました。ところが、「専修念仏停止《ちょうじ》」のほとぼりもまだ覚めやらぬ時代だったので、許可されず、再考《さいこう》の末《すえ》、「本願寺」として申請の結果、やっと許可が下りたと伝えられています。こうして本願寺は旧仏教の風靡《ふうび》する世の中で細々《ほそぼそ》と小さな芽を出したばかりでした。覚如上人は、また小さい時から才智《さいち》に長《た》けておられ、仏教の勉学《べんがく》にも励《はげ》まれ、当時日本仏教のすべてといわれる八宗の教学《きょうがく》に精通《せいつう》なされていたとも言われます。

その傍《かたわ》ら和歌《わか》なども嗜《たしな》み、宮廷歌人《きゅうていかじん》に交《まじ》わり、宮廷で催《もよお》される歌会《うたかい》などで優雅《ゆうが》な貴《き》族文化《ぞくぶんか》に身を染められていました。所謂《いわゆる》、当時の本願寺外交とでもいうのでしょうか、朝廷《ちょうてい》を初め貴族社会に認められ、庶民《しょみん》にも広がっていく真宗のために大きな貢献《こうけん》をなされたと思います。

一方その長男《ちょうなん》の存覚上人は、日常生活も質素《しっそ》で花やかな文化にも無頓着《むとんちゃく》で、生まれつきの英才《えいさい》を仏教に投じ、日本全仏教といわれていた八宗の教学に精通された上で、特に親鸞聖人をお釈迦さまと同じほど崇敬《すうけい》なされていました。だから宗祖が遺《のこ》された真宗の金字塔《きんじとう》ともいうべき『教行信証』を読み、その心を世の人々に広く普《あまね》く後《のち》の時代にまで伝えられるようにとの、願いを込めて『六要鈔《ろくようしょう》』を撰述《せんじゅつ》なされ、『歎徳文《たんどくもん》』にも、その趣意《しゅい》を顕《あらわ》しておられます。私はそのお言葉に触れさせていただき、これこそ、お釈迦さまがお開きになった仏教がその真髄《しんずい》だけを残して当時の日本に届けられたものだと、お聞きしました。(我聞如是)

まず初めに「真宗」という言葉について存覚上人がいろいろとお調べになった所に

よりますと、中国では善導大師《ぜんどうだいし》の昔から「仏さまの教え」のことを「真宗」と言われ「仏教」と同じ意味で使われていました。またそれより前に経典《きょうてん》が漢訳《かんやく》された頃にも、仏教が「仏《ぶっ》の真言《しんごん》の宗《むね》」という意味で「真宗」と言われ、それは更に遡《さかのぼ》って、お釈迦さま御自身が明かされた「涅槃」も「法華《ほっけ》」も「般若《はんにゃ》（仏智）も皆「真宗」と名づけられていたそうです。親鸞聖人が法然上人《ほうねんしょうにん》から相承《そうじょう》された浄土宗《じょうどしゅう》の教えがそのままこの「真宗」にピタリと当てはまったので、これこそ「浄土真宗」とお名づけになって踊躍歓喜《ゆやくかんぎ》されました。この心の真実を信知《しんち》して居られたのは存覚上人以外には誰もいなかったということです。私がこの真実に出逢えたのは『六要鈔』の総序釈《そうじょしゃく》を繙《ひもと》いて何度となく尋《たず》ね求めていったお陰だと思います。これらすべて私の中に閉ざされていた阿弥陀さまの「仏智」や無量・無限の「縁起」が熟《じゅく》して、今この世に相好《そうごう》を現じてくださったものと思われます。存覚上人以外の、世の人々は今も昔もみんな、宗祖が師匠法然上人の教えを受けて更に他力へと方向づけんがために「浄土の真宗」という意味で「浄土真宗」と名づけられたように思っておられるのではないでし

ようか。そうすると高僧和讃の「源空讃《げんくうさん》」に

智慧光《ちえこう》のちからより　本師源空《ほんしげんくう》あらはれて

浄土真宗ひらきつつ　選択本願《せんじゃくほんがん》のべたまう

と、ありますが、この和讃と、どのように会通すればいいのでしょうか。親鸞聖人御自身には「立教開宗《りっきょうかいしゅう》」のお心など毛頭《もうとう》なく、存覚上人と同じように古き謂われのある善導の「真宗遇《あ》いがたし」や法照の「念仏成仏《じょうぶつ》これ真宗」という言葉に因《ちな》んで名づけられた宗名であったことは文献学の上から見ても納得《なっとく》できることでしょう。存覚上人って素晴らしいお方ですね。今居られたら逢ってみたいですね。と言っても時代をへだてては逢えません。でも存覚上人の遺された心の宝は、この錦織寺にいっぱい秘められています。その宝探しをいっしょにしてみませんか。

真宗の本山としては小さな規模《きぼ》で、ほかの大きな本山には足下《あしもと》にも及ばないし、その後をずっとずっと遅《おく》れて追随《ついずい》しているありさまです。しかし私たちの錦織寺には、ただ一つ日本中《じゅう》どこを探《さが》しても滅多《めった》に見つからない心の宝が昼間見えない心の闇に

隠《かく》されているんです。昼間見えない心の闇は夜になっても尚さら見えません。その暗闇の奥深くに親鸞聖人のお心のこもった「仏法」という宝の山が眠っている、その一つ一つに存覚上人の灯を当てて見れば、たちまち無数の珠玉《しゅぎょく》が輝き始めます。

この錦織寺で存覚上人の次に大事なお方《かた》、その宝庫《ほうこ》の鍵《かぎ》を握《にぎ》っているのはどなたでしょう。それは錦織寺の開基《かいき》慈空房です。この慈空房のお話に入る前に、時代を少し遡って親鸞聖人がこの木辺に毘沙門天王を訪ねてこられた時、この地の長《おさ》の石畠資《いしばたけすけ》長《なが》氏が念仏教化のために、しばらくご逗留《とうりゅう》を願い出られ、聖人も快くお引き受けになったことがご縁になって石畠氏は出家して願明《がんみょう》（善明《ぜんみょう》）という法名を授《さず》かり、一《いち》宇《う》の念仏道場を建てられました。この子息に愚咄《ぐとつ》（兄）・慈空《じくう》（弟）の兄弟がいましたが、どちらも真宗に帰依して、兄の愚咄房は瓜生津《うりうづ》門徒、弟の慈空房は木辺門徒を率いていました。

親鸞聖人が帰洛の途上この地にお立ち寄りになったことがご縁で、この石畠家の兄弟が近江の国では真宗の二大勢力となって発展していくのですが、特に聖人のご足跡《そくせき》地《ち》であるこの錦織寺がその中心となったのです。

第九話　嘆徳文《たんどくもん》

親鸞聖人のお徳は誰もが讃《たた》える所でありますが、本願寺第三代宗主の覚如上人の著された『報恩講私記《ほうおんこうしき》』は「式文《しきもん》」とも呼ばれ、報恩講のときには、真宗のどの本山でも唱えられているので、あまりにも有名なご文です。ところが、これとよく似た形式で聖人のお徳を讃えられているのが、存覚上人の『嘆徳文』です。

存覚上人が親鸞聖人を格別に尊崇《そんすう》し、その行跡《ぎょうせき》や徳を如何に讃嘆されていたかについては、この『嘆徳文』を見れば如実《にょじつ》に顕《あらわ》れています。

このご文は、親鸞聖人の素性《すじょう》とか家柄・系図などには触れていませんが、親疎《しんそ》にかかわらず、誰もが尊崇すべきお徳や博識《はくしき》ならびにご苦労の跡までつぶさに述べられています。ここでは特に親鸞聖人特有の人間性と高徳・博識に関わるものだけをピックアップします。

〈まず初めに真宗の師として〉

・浄土門のさきがけ・末法《まっぽう》無仏の世における真宗を明かす師

〈親鸞聖人の博識〉

・修練は顕教《けんきょう》も密教《みっきょう》も兼ね備えておられる　・伯父のもと勉学に専心される

・天台宗に研精・慈鎮和尚の禅房で大才と諸徳を積まれる。

〈比叡山での自力修行におけるご苦労〉

・天台の観法：『摩訶止観』に説かれる十乗観法　・三諦・百界千如

右のような修行で月日を重ね、生死の迷いから抜け出す道を探し求めて、禅定で心を静めようとなされても波風が立ち騒ぎ、心清らかにして仏智の光明を仰ごうとしても妄念《もうねん》の雲に覆《おお》われて見ることもできず、この上はこれまでの自力による利を投げ捨てて、ひたすらに生死の迷いから脱することをねがわれ、根本中堂のご本尊、遠くは磯長《しなが》の廟窟《びょうくつ》をはじめ各地の霊窟にお参りなされ、殊に六角堂に百日参籠《さんろう》の暁《あかつき》に聖徳太子の夢のお告げを得て、吉水《よしみず》の禅室に法然上人を訪ねて専修念仏門に入門なされる次第がすべて尊崇と敬愛の念を以て描かれています。

そこで他力不思議の法門を学ばれ、浄土三部経の奥深い教えについて究明なされ、曇鸞大師《どんらんだいし》、道綽禅師《どうしゃくぜんじ》、善導大師《ぜんどうだいし》、懐感禅師《えかんぜんじ》、少康法師《しょうこうほっし》の奥深い註釈に触れ、真宗の宗義に誤りなきことを証しておられます。

〈『教行信証』の意義〉

・ここに述べられている教義の内容は甚だ奥深いものです。

・お浄土は弥陀如来の本願力が成就された真実の報土であり、凡夫の自力諸善では往けない所です

・弥陀如来の真実の心は利他のはたらきをするもので衆生を安楽浄土に往生させるものです。

・仏智を信じる人は利益を得られ、疑う人は利益を失うことを明かしています。

〈真宗は二双四重の「横超《おうちょう》」〉

横（他力）・竪（自力）二超の違いを明らかにし、真宗は「横超」であるとお示しになったのは我が宗祖親鸞聖人だけです。

第十話　お寺の仏さまとお宮さんの神さま

ところで、日本の田舎では、どんな小さな村にでも、お寺もあり、お宮さんもあって、村人たちは、そのどちらにもお参りしています。信心深い人は朝夕欠かさずお参りしてお供えをあげたり境内《けいだい》のお掃除したりする人もいます。日本の国はもともと神さまが造った国だと言われ、鎮守《ちんじゅ》の森に神さまだけをおまつりしていたのですが、六世紀の頃仏教が入ってきて、聖徳太子が国の政治にも仏法を取り入れられてから、その大切さがみんなの心にしみ込み、日本じゅうに広がり、神さまと同じように仏さまにもお参りすることが生活の中に溶け込んでしまったのです。仏さまも神さまも粗末《そまつ》にすると勿体《もったい》ないと言って、崇《あが》めて、ご利益《りやく》を願ったり、罰《ばつ》を畏《おそ》れたり、縁日やお祭りの催しに参加する喜びや楽しみも得られます。

このような日本特有の歴史的事情によって日本では、神さまも仏さまも先祖伝来のもので、どちらもそれぞれ大事な心の遺産なのです。しかしそれを宗教として信仰したり教義の内容を深く考えたりするよりも世間的な体裁《ていさい》を整《ととの》えるための基準《きじゅん》として何となく馴染《なじ》んできたという人が多いように思われます。存覚上人もそのことを気にかけておられたのか、『諸神本懐集《しょじんほんがいしゅう》』というお書物を出され、「仏さまと神さま」について仏法に基づいた考え方を示しておられます。その本の冒頭《ぼうとう》に、

仏さまは神さまの本地（大もと）、神さまは仏さまの垂迹《すいじゃく》（衆生を救うために仮《かり》に神の姿となってこの世に現れること）です。

という意味の言葉があります。これはお釈迦さまのさとりの内容から出て来た言葉であって、「縁起の法」という仏さまのはたらきがあって初めてこの世（世間）が成り立ち、世間の衆生を済度する神さまもおられることになるということです。だから神

さまも元をただせば仏さまだったということになるのです。この「縁起の法」は、世の中の人が知っていようと知るまいとに関わらず、ずっと以前から自然の法に基づいて縁が熟せば成立し、起こっていたはずです。

日本の大昔神代と言われた時代には「縁起」があるなんて誰一人として知る人はいなかったけれども、ちゃんとはたらいていたんですね。だから存覚さんはそうおっしゃるんです。

ほかにも「天照大神《てんしょうだいじん》は日天子《にってんし》観音《かんのん》の垂迹《すいじゃく》」、「スサノオノ尊《みこと》は月天子《がってんし》勢至《せいし》の垂迹《すいじゃく》」、「この二菩薩は阿弥陀如来の分身」、「熊野《くまの》の證誠殿《しょうじょうでん》は阿弥陀如来の垂迹」等と意義づけられています。ここには存覚さん特有の仏法に基づく解釈の意図《いと》がこめられています。天照大神《あまてらすおおみかみ》は世間の昼間を照らす日光即ち日天子に喩《たと》えられ、スサノオノ尊《みこと》は世間の夜の暗闇を照らす月光即ち月天子に喩えられています。昼もあり夜もあるような世間が現に今成立しているのは、この宇宙の中に少なくとも太陽と地球と月という天体が自然の法則に基づいて運行し、その他のもろもろの縁が加わっている結果の現れなのです。こうした大いなる自然の力がはたらく環境の中に生かされている私たちにとっては太陽も地球も月も身心を育むための大きな恵みとなっているに違いないと思われます。このように私たち人間の考えが及ぶ範囲内で恵みを感じたときそれを神とか天子と言って崇め感謝しますが、太陽も地球も月も存在しているのは既に「縁起の法」という「アミターユス」（無量寿）がはたらいている証しなのです。證誠殿の神さまを「阿弥陀如来」の垂迹とされた所以がここにあります。また昼間の世間を照らす日光は生き物の命を育《はぐく》む上ではたくさんの恵みを与えてくれますが、地球の外側の世界を覆《おお》い隠《かく》しています。

人間の目は光がないと何も見えないけれど、暗闇の中の光は明るい中では見えません。宇宙の空間は本当は暗闇なのですが地球に昼間の明るさが覆《おお》い被《かぶ》さっていると暗闇が見えないので、金子みすずさんの詩のように「昼のお星は目に見えぬ」ものなのですね。そして見えないけれどもあるんですね。それと同じように恵みも目に見えないけれども、あたりに満ちあふれているんですよ。その証拠《しょうこ》にたくさんの生き物が成

星とタンポポ
金子みすず
青いお空の　そこふかく
海の小石の　そのように
夜がくるまで　しずんでる
昼のお星は　めに見えぬ
見えぬけれどもあるんだよ
見えぬものでもあるんだよ

長して命を輝かせているではありませんか。それが自然という仏さまの慈しみ《いつく》であり、阿弥陀さまの慈悲《じひ》の顕れとしてはたらく観音さまなのです。一方で夜の暗闇は宇宙そのままの姿ですが、生き物にとっては、昼間の疲《つか》れを癒《い》やす安息《あんそく》の場や時を提供《ていきょう》してくれています。それに月の光は夜の闇を覆《おお》い隠《かく》すことなく、やさしく世間を照らしているので、私たちは昼間目に見えるものも昼間目に見えないものも両方とも一緒に見ることができるのです。これが自然の中に具わっている智慧《ちえ》の光であって仏さまの智慧（プラジュニャ）と言い、「般若」とも訳されています。『涅槃経《ねはんぎょう》』の「王舎城物語」の中でお釈迦さまが阿闍世《あじゃせ》の心の闇を晴らすために「月愛三昧《がっあいざんまい》」をなされた話がありますが、それは阿弥陀さまの智慧の光が人間の無明《むみょう》の闇を破るのと同じはたらきだったのです。この智慧のはたらきを阿弥陀さまに代わってなさるのが勢至《せいし》菩薩だと言われています。スサノオノ尊は、すぐれた智慧を以て世の人々を救った神さまだったので「月天子」とか「勢至菩薩」の垂迹とされたのは、このような深いわけがあったのですね。日本の神さまがたを仏法に照らし合わせてここまで深くお考えになった所に存覚さんの非凡《ひぼん》さが窺《うかが》われます。

第十一話　慈空房《じくうぼう》と存覚上人

錦織寺いう名は、『伝絵記』によると、親鸞聖人ご滞在《たいざい》三年め七月の夜天女が舞い降りてきて禅室で「紫香《しこう》の錦《にしき》」を織ったという、それを時の四条帝に献上した所「天神護法錦織之寺」の勅額《ちょくがく》を賜ったと言われています。この寺号をいただいて間もなく親鸞聖人が京にお帰りになる時、後を願明《がんみょう》房に託されましたが、その次男の慈空房は一二八〇年頃の生まれで、少なくとも一三一〇年頃には願明房の後を継いでいると推定されます。そして錦織寺開基となって住持していたと考えられます。ちょうどその頃、一三二二年存覚上人が三三歳の時に父の覚如上人から義絶されて錦織寺に身を寄せられた頃なのでこのお二人の出逢いは運命的なものであったというか、それとも弥陀如来のおはからいというか、「悪を転じて徳を成《な》す増上縁《ぞうじょうえん》」なのかも知れません。そして存覚上人と慈空房との親交が始まり年月と共にいよいよ深まって、ついには師弟関係にまで至ったということです。慈空房は存覚上人より十歳年上で、六十八才の頃から常に存覚上人のもとを訪ね一流相伝の他力安心の趣について学ばれました。そのことがもとになり、存覚上人御自身が、錦織寺に居住されることになりました。ちなみに存覚上人の妻奈有《なう》さんは、慈空房の兄愚咄房の身内でした。

親鸞聖人の御教えを仰《あお》ぐ錦織寺は木辺門徒の中核となる寺院であり、そこに住持《じゅうじ》する慈空房はとても立派なお坊さんだったので、存覚上人もそのお徳を敬《うやま》って「錦織寺の大徳《だいとく》」と呼んでおられました。こうしてこのお二人《ふたり》は互いに尊敬《そんけい》し合い、親鸞聖人の遺《のこ》してくださった「真宗」の教えを世に普《あまね》く広げ、後の世まで伝えられるように力を尽くされたと言われています。聖人の遺《のこ》された真宗の肝要《かんよう》は「弥陀の本願を信じる他力の信心」であり、その本願が目に見えない涅槃《ねはん》そのものだから、ただ信じるほか何もないということです。龍樹菩薩も『十住毘婆沙論《じゅうじゅうびばしゃろん》』の「易行品」で説いておられるとおり「信じて阿弥陀仏の名を呼ぶこと」が第一なのです。それが「涅槃を得る」ことであり、「救われる」ことでもあり、「さとる」ことでもあるのです。こうして世の中のみんなが仏さまのさとりを得て救われたなら、世の中に幸せが満ちあふれ、安らかで穏《おだ》やかになることでしょう。だから「世のなか安穏《あんのん》なれ、仏法ひろまれ」も「涅槃の真因はただ信心を以てす」も真宗の要《かなめ》となる重要な言葉であり、幾多の時代を越えて民衆に親しまれてきました。そして今現代のあらゆる人々への愛語として輝くことが期待されます。

第十二話　慈観上人《じかんしょうにん》

ところでこの慈空上人は観応《かんのう》二年（一三五一年）七月七日に示寂したと『一期記《いちごき》』に記されています。その追善供養《ついぜんくよう》に存覚上人は八月十八日に錦織寺に来られ慈空上人の未亡人澄禅尼《みぼうじんちょうぜんに》の許《もと》に宿泊され、愚咄《ぐとつ》房も来て同じく、宿泊することになりました。その時愚咄房・澄禅尼のお二人が、慈空上人の後存覚上人に管領《かんりょう》として住持《じゅうじ》していただきたい旨を伝えました。しかし存覚上人は、既に六十二歳の老齢で余命《よめい》はいかほどもないから、との理由でお断りになりました。その代わりに第七子綱厳《こうごん》さんに住持させることを約束しました。

『野洲郡史』（野洲郡教育会編）に次のような記述があります。

綱厳は存覚の第七子で童名を光威丸といった。建武元年二月七日の生誕で、興国四年九月十歳の時、小野の随心院僧正経厳の室に入り、贈左大臣廣橋大納言兼綱の猶子となり、……経厳・兼綱の一字ずつ取って仮名を綱厳とし実名を慈観と改めた。ついで東大寺に入って修学し、後青蓮院の門侶となった……観応二年、愚咄の請により存覚の命を受けて錦織寺第五世（実は第二世となった。）

のちの第五代慈観上人です。存覚上人の『六要鈔』を書写なされたお方です。

第十三話　真宗とは仏の真言

慈観上人は、この『六要鈔』が真宗の本典『教行信証』を読む上に必須《ひっす》の重要参考書であることをよく承知《しょうち》しておられましたので、書写なされた後も何度となく読み返して、真宗を正しく学び伝承していくことに専念されました。その中でも特に注目なされたのが「総序釈」の「真宗」という言葉です。宗祖が「真宗の教行証」とおっしゃったことに注目して「真宗」という言葉の意味を存覚上人御自身が再確認しておられる所です。

まず「真宗とは即ち浄土宗なり」と示され、次いで中国では既に仏教のことを真宗と呼んでいたことを明かすために、善導大師の『散善義《さんぜんぎ》』から「真宗遇いがたし」、法照《ほうしょう》の『五会讃《ごえさん》』から「念仏成仏これ真宗」、「色性本来より無障碍《しょうげ》無来無去これ真宗」その他、圭峰の『盂蘭盆経疏《うらぼんきょうしょ》』から「良由真宗未至、周孔且使繋心」を引用しておられます。

この説によりますと、仏教が中国に伝来し、仏典が漢訳される時に、「仏法は仏の真実の言」であるという意味で「真言」と言われていました。その「真言」の宗《むね》ということから仏教そのものを「真宗」と呼んでいました。もっとさかのぼって釈尊のころにも「仏法」を「法蓮華《ほうれんげ》」として「法華《ほっけ》、「仏智」（プラジュニャ）の漢訳「般若《はんにゃ》」のいずれも「真言の宗」としています。真宗はこのように広い意味を持っています。また敢えて「真言の宗」と言うからには、それなりに特別な意味がこめられていて「仏教の真髄」「大乗の極致《ごくち》」などとつながります。

ここに従来仏教の中の一セクトとして考えられていた真宗という概念《がいねん》が一躍普遍性《ふへんせい》を帯びて仏法を包括《ほうかつ》することとなり、ここに普通一般の平凡な人間でも関わりやすく親しみやすい宗教へと躍進する可能性を見出すことができます。

第十四話　世のなか安穏《あんのん》なれ、仏法ひろまれ

親鸞聖人が性信房に送られたお手紙の中に「世のなか安穏なれ、仏法ひろまれ」というお言葉があります。これは「この世に生きるすべての人々がみんな心安らかに争いもなく幸せな暮らしができること」を願うお心のあらわれであり、そのような理想の世間をつくるには仏法をもとにした法が必須であることを痛感しておられたのでしょう。宗祖が和国の教主として崇《あが》められた聖徳太子の「十七条の憲法」にも「篤《あつ》く三宝を敬え」、「和を以て貴《たっと》しと為《な》し、忤《さか》うることなきを宗《むね》とす」に仏法の宗が示されています。遠くは、曇鸞《どんらん》大師の『論註《ろんちゅう》』八番問答《もんどう》に「世の善道を説く仏法がなかったら、衆生の生きる基本としての仁・義・礼・智・信を知るひとがなく、世は乱れる」、近くは、存覚上人の『破邪顕正抄《はじゃけんしょうしょう》』に「仏法を以て王法《おうぼう》をまもり、王法を以て仏法をあがめる」等の言葉がそのうらづけとなっています。

第十五話　涅槃・縁起の法

また仏法そのものは、お釈迦さまが「覚《さと》り」によって明かされた宇宙真実の法です。それは宇宙でたった一つの「涅槃」なのです。「涅槃」とは、人間の計らいや認識《にんしき》から全くかけ離れた絶対無限性を所詮《しょせん》とするものです。釈尊、龍樹菩薩等は「第一義諦《だいいちぎたい》」「勝義諦《しょうぎたい》」として説き、その他「仏性《ぶっしょう》・法性《ほっしょう》・真如《しんにょ》・一実《いちじつ》・真実《しんじつ》・一如《いちにょ》等」さまざまな言葉で説かれてきました。しかしどんな言葉を用いても、この「涅槃」の不思議は説き明かすことができません。私たちの身近な言葉でいうならば、「涅槃」は「いろもなし、かたちもましまさぬ御仏」であり、目にも見えない、耳にも聞こえない、考えも及ばない、ただただ不思議としか謂いようのないものです。それでもその何もない所に秘められている「縁起」の法があるからこそ、この世のすべてが生み出されるのです。縁が熟せば命をも生み出すはたらきがあるのです。それは私たちが生きるすべてに関わって常にはたらきかけ、護っていて下さるものなのです。この涅槃から私たちに常々はたらき続ける不思議な力が「アミターユス（無量寿）」・「アミターバー（無量光）」であり「光りも命も限りない仏さま」として奉《たてまつ》る「阿弥陀如来」またはその「本願力」なのです。このような涅槃の不思議は、私たちの考えや計らう心の及ばないものですが、現にいっぱいその恩恵《おんけい》は受けているはずです。だからただ信じるだけで喜びが得られるのです。

このような観点に立って、真宗における「すくい」とか「さとり」について考えてみますと、親鸞聖人にとっては、いずれも「涅槃を得る」ということになります。だから宗祖の真宗における肝要は「涅槃の真因はただ信心を以てす」と領解《りょうげ》なされ、本願力の不思議を信ずるほか道はないとおっしゃっているのです。

また無為《むい》なる涅槃を背景にして私たち人間が世間という環境の中に他の生き物と共に現れ、現に生きているということは、既に有為《うい》なるものがはたらき続けているということになります。それが涅槃に秘められている「縁起の法」です。涅槃は元来何もないので何も生ずる筈がないのですが、そこに何らかの因とか縁が出遇って和合すると、それまでどこにもなかったものが現れ、またすぐ消えていく。これがこの世に存在したり生きているものすべての元となってはたらいているのです。

第十六話　見真の心

御影堂《みえいどう》の正面に「見真《けんしん》」という勅額《ちょくがく》が掲《かか》げられていますが、これには大変重要な意味がこめられています。

親鸞聖人は、仏陀の教えの如く「真実を見る」ということを常に心がけておられたので「見真大師《けんしんだいし》」ともお呼びすることがあります。この額はその名に因《ちな》んで天皇から賜《たまわ》ったものです。

この「真実」とは「仏の真実」であり「涅槃」という言葉で顕されています。龍《りゅう》樹《じゅ》菩薩は「涅槃という言葉を見ても本当の涅槃は見られない。言葉は単に本物を指し示しているだけである」と言っておられます。馬鳴《めみょう》菩薩は「真如《しんにょ》」と言い、その「真如」は本物ではなく言葉に過ぎないから「依言真如」であり本当の真如は言葉を離れた所にあると言っておられます。また「見る」というのも「目でみる」のではなく「心に思い浮かべる」とか「考えを懐《いだ》く」という意味です。ところで涅槃は色も形もなく言葉で表すこともできず、考えも及ばないものだから凡夫の私たちは阿弥陀さまの智慧の光にたすけられて初めて涅槃を信ずることができるのです。

親鸞聖人は、このように他力としての真宗の立場から「真実」を見られました。そしてその究極的《きゅうきょくてき》に「涅槃はただ信ずるほか何もない」となされたのです。

写真資料

明治14年に「見真」の勅額を拝領

勅額「天神護法錦織之寺」

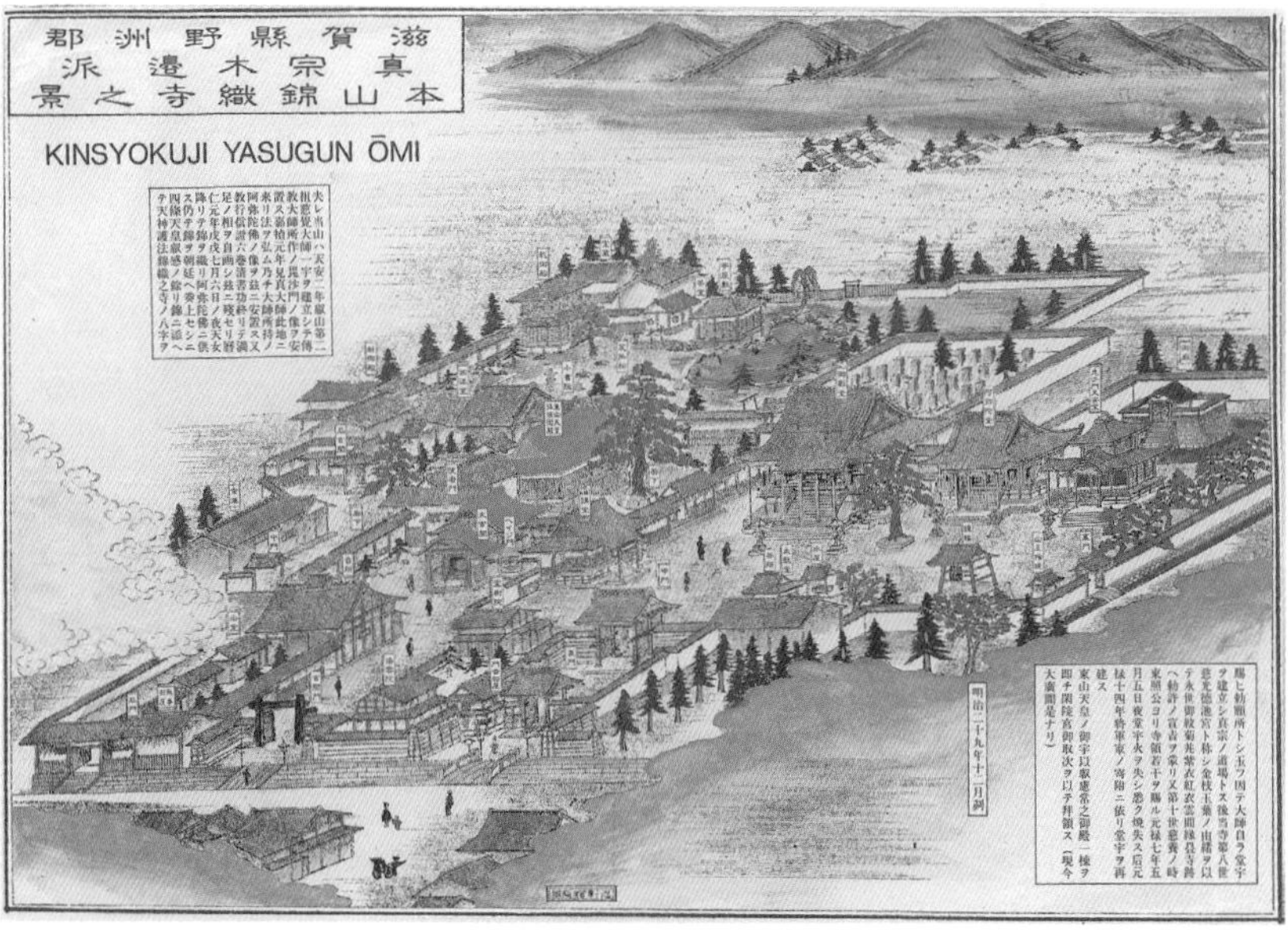

本山錦織寺全景

満足の御影

親鸞聖人、毘沙門天王堂にお泊まり

親鸞聖人は帰洛の途上、この木辺の地に立ち寄り、毘沙門堂でお泊まりになりました。

天女、錦織る

暦仁元年７月６日の夜、妙なる音楽が鳴り、天女が舞い降りてきて、錦を織り、翌朝仏前に紫香の錦が供えてありました。

安倍川の渡し

親鸞聖人は帰洛の途上、安倍川を渡るとき大水で困難なところを笈の上の阿弥陀さまに助けられて難なく渡れたということです。

「天神護法錦織之寺」の勅額を賜う

紫香の錦を時の帝、四条天皇に献上されたところ陛下は感激なされて、錦をお返しになり、「天神護法錦織寺之寺」という勅額を下されました。

田植え歌

天安堂の毘沙門天王像

聖人ご一行が木辺村にさしかかれたとき、折しも田植えの真っ最中で五月女たちがせっせと早苗を植えていました。聖人はしばらくその光景を御覧になりながら、その早苗の一本一本に阿弥陀さまの大切な命が宿っているということを「田植え歌」にして御教化なされたと伝えられています。

菜の花が咲いたよ（F一〇油彩）　北村文雄

近江の春は今も昔も変わりなく自然の恵みをいっぱいに受けて生き物たちが命を輝かせています。

菜の花が咲いたよ
みんないっせいにそろって咲いたよ
あたりいちめん黄色い海だよ
いいにおいが ただよっている
お日さまにこにこ 笑ってる
春風そよそよ いい気もち
ちょうちょもひらひら楽しそう
風の子ふたり元気よく
歌を歌ってかけぬけていく
みんなそれぞれ 出逢いの中で
生きて輝いているんだな

絵ばなし（一枚の絵から）

菜《な》の花ばたけ風《かぜ》の子

いなかの小さなお寺《てら》に近ごろ入ってきた和尚《おしょう》さんは、絵《え》をかくことが好《す》きで、ひまをみつけると、アトリエに行って絵をかいています。そのアトリエというのも、檀家《だんか》の人たちのこころざしで、この和尚《おしょう》さんのために特別《とくべつ》にたてられたものです。春《はる》がすぎて、つゆもあけて、たなばたのささの葉《は》がすずしげにゆれるころになりました。その日の午後《ごご》はお寺のおつとめも檀家《だんか》のお参《まい》りもなく、のんびりとした気分《きぶん》でアトリエに来ました。

アトリエには「菜《な》の花畑《はなばたけ》」の絵が、ほぼ半分《はんぶん》ほどにさしかかったままイーゼルにたてかけてあります。和尚《おしょう》さんは、この春《はる》に何度《なんど》となく訪《おとず》れた菜の花ばたけの思《おも》い出《で》をたどりながら、その続《つづ》きを手がけていますが、いつの間《ま》にか時《とき》のたつのも忘《わす》れてしまうほど夢中《むちゅう》になっています。和尚《おしょう》さんは絵をかきながら、のどかな春の日に菜の花のいい香《かお》りをいっぱい身《み》に受《う》けてすごした　ひとときをなつかしく思い浮《う》かべていました。その時アトリエの窓《まど》からヒューッとさわやかな涼風《すずかぜ》が吹《ふ》き込《こ》んできました。和《お》尚《しょう》さんは、「すずしくて気もちがいいなあ。やれ、ひとやすみ」と、絵筆《えふで》をおいたとたん、そこに可愛《かわい》い女の子が　ひょっこりと立《た》っていました。とつぜんのことなので和尚《おしょう》さんは、あっけにとられて「ゆめではないか」と、ほっぺをつねったり、目《め》をこすったりしています。そんなことにおかまいなく、女の子は絵を見ながら、ひとりごとを言っています。

「こんなところに菜の花ばたけがある。わたしのすきな菜の花ばたけ。春はとっくにすぎてしまって、今ごろはどこをさがしても見あたらないのに……なつかしいわ。」　そして　やっと和尚《おしょう》さんのほうにむかって話《はな》しかけてきました。

「和尚《おしょう》さん、すてきな菜の花ばたけですね。わたし　菜の花ばたけ大好《だいす》き。」

「おじょうちゃん、どこからきたの。おなまえは……」

「春のくにから来たのよ。なまえは風《かぜ》の子フー子……みんな そう呼《よ》んでるわ。」

「フー子ちゃんか、菜の花ばたけすきでよかったね。」

「和尚《おしょう》さん、フー子 この菜の花ばたけ かけぬけてみたいわ。おともだちといっしょに。和尚《おしょう》さん、いい？」「いいけど、おともだちってだあれ。」

「それは見てのお楽《たの》しみ。今《いま》すぐここに呼ぶわ。」

フー子がヒューッと口《くち》ぶえをふくと、これまた ふしぎなことに、男《おとこ》の子が すがたをあらわしました。和尚《おしょう》さんはまたまたびっくりして、その男の子をじっと見つめました。どこかで見かけたことがあるような、いつも近《ちか》くにいるような、なんとなくなれなれしいようすの子です。

「やあ、こんにちは、ぼくだよ。」

男の子が こう言うと、フー子も口《くち》をそえて
「和尚《おしょう》さん、もうおわかりね。子どものころのあなたよ。」

「なんだか　てれるなあ。でもフー子ちゃんが、むかしのわたしのおともだちだなんて、うれしいなあ。」

和尚《おしょう》さんは、ほのぼのとした気もちになって、このゆめのような　ふたりの子を見つめていました。

「さあ行こうか。和尚《おしょう》さん、ありがとう。さよなら。」

風の子フー子は、和尚《おしょう》さんの子どものころの男の子と　なかよく手をつないで、和《お》尚《しょう》さんのかいた絵の菜の花ばたけをかけぬけていきました。それはそれは気もちよさそうに。それはそれは　しあわせそうに。

アトリエのカーテンが　なごりおしそうに　ゆらゆらゆれています。

後編

親鸞聖人と性信房

はじめに

親鸞聖人が関東から帰洛の際、近江の木辺に毘沙門天王を訪ねてお立ち寄りになったという縁の鍵を握っている人物がここに一人想定されます。それは関東二十四輩第一番の性信房です。

性信房は親鸞聖人御生涯において最も親密な関係でお仕えしたお弟子さんです。聖人が吉水の禅室で法然上人を師匠として専修念仏の修行をしておられた頃から法然門下でありながら、このお二人は師弟関係同様のお付き合いをなされていたと言われています。したがって越後への流罪の時も同行なされ、その後、関東への道中、稲田の草庵での生活等を合わせると、凡そ三十年もの間、家族の一員となって身のまわりのお世話をしたり、聖人の教えのもと修行に励んだりしていました。また親鸞聖人の御教えを忠実に学び、関東二十四輩と言われる直弟のなかでも第一人者であり、聖人の師範代を務めたり、重要な相談役になったりしてしておられたので、聖人にとっては、最も頼もしい重宝なお方だったのです。その上、出身が鹿島神宮の神官、大中臣家であったことから、鎌倉幕府に対しても、当時の真宗にかなり有利にはたらいたとも思われます。

親鸞聖人が関東から京の都にお帰りになる際は、一旦は箱根まで同行しておられますが、聖人を初めとして真宗の重鎮が欠けた関東においては、それまでからくすぶっていた「異安心」や「造悪無碍」等の問題が一気に表面化して、門弟間の乱れが生じ、世間や幕府などからの真宗に対する批判や取り締まりも厳しくなり、収拾がつかない状況に陥っていたのです。このような状況を抑える力のあるのは性信さんしかいないということで、聖人のたってのお願いでもあったので、そこで訣別なされたと言われ、今なおその地が遺っています。その性信さんのお計らいで、聖人と近江の地頭石畠氏とがお出逢いになる機縁ができたということは、歴史的事実としても成立し得ると考えられます。では、早速そのお話に入ります。

令和二年三月

著者　北村文雄

第一話　性信《しょうしん》というお坊さんのこと

親鸞聖人《しんらんしょうにん》は、真宗の信心とお念仏について多くの人々に説かれましたが、中でも稲田《いなだ》（今の笠間市《かさまし》稲田町）の草庵《そうあん》を拠点《きょてん》として二十年もの間、関東に滞在《たいざい》なされ、教えを広められました。その成果として関東に数多くの真宗信者ができたことは云うまでもなく、「関東二十四輩」と云われる熱心なお弟子さんたちが、親鸞聖人の後を承けて、その教えを後の世に広く伝えられたと云われています。親鸞聖人ご自身は、もちろん「弟子を一人も持たない。共に阿弥陀さまの本願を聞き信心をいただく身であるからみんな同行《どうぎょう》である。」とおっしゃっているのですが、聖人のお徳

を慕《した》ってその門下に集まってきた多くの人たちは聖人を師と仰《あお》ぎ、自分たちはその弟子であるという考えをもってみ教えを学び、お仕《つか》えしていたのです。性信というお坊さんは、その「関東二十四輩《にじゅうよはい》」の第一番に挙《あ》げられている人です。しかもこの人は、長年月にわたり親鸞聖人と最も深い関わりを持ち、聖人の御身に重大な出来事の起こった時には必ずといってもよいほど常々お側《そば》にお仕えして何かにつけて陰の力となり、聖人の身を案ぜられたお弟子さんです。このことは一般的にあまり知られていないようですが、この性信さんの存在があったからこそという隠《かく》れた功績《こうせき》に目を遣ると、その後真宗の教えを広く伝え残すために大変重要《じゅうよう》な役割《やくわり》を果たしておられることが数多く浮かび上がってくるのです。

中でも、吉水《よしみず》の出逢いから始まり聖人の越後への流罪、関東への出向と滞在・教化、晩年《ばんねん》に至って帰洛途上《きらくとじょう》に近江の国木辺《きべ》の地に至られるまでの間に、性信さんが関わったと思われる隠《かく》れた功績《こうせき》についてのお話をしたいと思います。

性信さんは、常陸国《ひたちのくに》の鹿島神宮《かしまじんぐう》の神官《しんかん》の家系である大中臣家に生まれたのですが、幼少《ようしょう》のころから腕白《わんぱく》で、相撲《すもう》はめっぽう強かったと云われています。またずいぶん横暴《おうぼう》な性格《せいかく》で奔放《ほんぽう》に暴《あば》れまわったので、「悪五郎《あくごろう》」という異名《いみょう》さえあったとも云われます。お父さん、お母さんの心配も一通《ひととお》りではなかったと思われます。

第二話　吉水《よしみず》での出逢い

ところで、そのような性信さんも、十八歳のとき(元久元年《げんきゅう》)、紀州《きしゅう》の熊野権現《くまのごんげん》に参籠《さんろう》して荒修行《あらしゅぎょう》をされたそうです。そのとき心に深く感ずるものがあり、京都へ行って黒谷（吉水の禅室《ぜんしつ》）法然上人《ほうねんしょうにん》を訪《たず》ね、専修念仏《せんじゅねんぶつ》の教えを受けたいと申し出られたのです。

そのとき法然上人はすでに七十歳を越える高齢《こうれい》になっておられたので、当時門下《もんか》におられた親鸞聖人（そ

の時の名は善信房《ぜんしんぼう》）に「善信房、あなたがこの若者を直接に指導してやってください。」

と、性信さんの身を預けられました。このとき以来、親鸞聖人と性信さんとは師弟《してい》のちぎりを結《むす》ばれ、聖人は性信さんを親身《しんみ》になって指導なさり、性信さんは聖人を慕《した》い、敬愛《けいあい》しながら、聖人の生き方そのものに触れる喜びを見出していかれたのです。そして「聖人のおられる所には必ず性信房《ぼう》がいる。」と云われるほど緊密《きんみつ》な間柄《あいだがら》となりました。

第三話　聖人の流罪《るざい》

そのころ京の都《みやこ》では法然門下《ほうねんもんか》に集まる念仏者に対して、きびしい批判《ひはん》の眼《め》が向けられていました。というのも、この法然上人の教えは、むずかしい修行《しゅぎょう》をしたり、きびしい戒律《かいりつ》を守ったりすることができない人でも念仏さえ称えれば救われるという教えだったのです。これを専修念仏《せんじゅねんぶつ》と云って、それまでの旧《ふる》い仏教では全く考えられなかったものだったのです。だからそのころ国の仏教の中で特に勢力を持っていた奈良の興福寺《こうぶくじ》や比叡山《ひえいざん》の延暦寺《えんりゃくじ》から強い反発があり、「専修《せんじゅ》念仏は社会を乱し、国を滅ぼすもとになる」などと云って、時の朝廷《ちょうてい》に「専修念仏をやめさせる命令を出すように」との申し入れが何度となくあったと云われます。このことは朝廷において、それほど差し迫った問題でもないということで、しばらく見過ごされていましたが、吉水にとっては思いがけないできごとが起こり、それがきっかけとなってとうとう「専修念仏停止」の令が出ることになったのです。

それは建永《けんえい》二年（一二〇七年）の年が明けて間もない日のできごとでした。法然上人の弟子の中でも特に人気のあった安楽《あんらく》と住蓮《じゅうれん》というお坊さんが鹿ヶ谷《ししがたに》で念仏法要を勤《つと》められました。すでに吉水の念仏のありがたさは都《みやこ》をはじめ遠近《えんきん》の地方に知れわたっていましたので、この法要にも老若男女《ろうにゃくなんにょ》を問わず各地から多くの人々が集まってきました。当時、世を治めていた後鳥羽上皇《ごとばじょうこう》の院に仕え、寵愛《ちょうあい》を受けていた鈴虫《すずむし》と松虫《まつむし》という二人の女性《にょしょう》もこの法要に参詣《さんけい》し、大きな感動を得て、そのまま出家《しゅっけ》の尼《あま》になってしまいました。丁度そのとき後鳥羽上皇は年の暮れから熊野詣《くまのもう》でに出かけた留守中だったのです。熊野詣でから帰って来た後鳥羽上皇は、このことを聞いて、大変激しく怒《いか》り、法然一門をきびしく処刑《しょけい》するとともに「専修念仏禁止」の令を出しました。

二月上旬に念仏者たちは逮捕《たいほ》され、拷問《ごうもん》にかけられ、二月下旬には安楽、住蓮ら四人の坊さんが死罪《しざい》となり、法然上人、親鸞聖人のほか六人が流罪《るざい》となりました。

配流《はいる》の地は、法然上人が土佐《とさ》の国（今の高知県）、親鸞聖人が越後《えちご》の国（今の新潟県）でした。

親鸞聖人が配所《はいしょ》におもむかれるときの様子は、高田派本山専修寺の『善信聖人（親鸞）伝絵』末の上

に描かれています。「鸞《らん》聖人配所にをもむきたまふところ也」と、三行にわたる説明があり、その下に親鸞聖人が乗っておられると思われる輿《こし》が描かれています。輿の前後に何人かの付添人《つきそいにん》がいますが、その中にひときわ背の高い青年僧が頼《たの》もしい出《い》で立《た》ちで付き添っています。それが性信房だと云われています。その後ろに「御送する武士等也」として護送《ごそう》する四名の役人がいます。このことからわかるように、性信さんは吉水を出て配所に向かわれる親鸞聖人のお供をなされたのです。こうして配所での暮らしはもちろん、その後においても常々《つねづね》聖人のそばにお仕えし、身のまわりのお世話をしながら、師として教えを仰《あお》がれたのです。

第四話　配所越後《はいしょえちご》にて

親鸞聖人は、配所越後の地で五年間、流刑の生活をなされましたが、その田舎《いなか》に住む貧《まず》しい農民《のうみん》や漁民《ぎょみん》の人たちと親《した》しく交《まじ》わり、念仏の教えを説き広められました。聖人のお徳と優しいお人柄《ひとがら》に引かれてその地方では多くの人々が念仏のみ教えを請《こ》いに来られました。ときには、田んぼの仕事が忙《いそが》しくて聖人のお話が聞けないという人のおうちへお出かけになり、田植えなどの野良《のら》仕事をお手伝いしながらでも、念仏のみ教えを説かれたとも云われています。性信さんも、そのお姿をお側《そば》で具《つぶ》さに眺《なが》められ、聖人への敬慕《けいぼ》の念がますます深まっていったことでしょう。

また越後は親鸞聖人の奥様の恵信尼《えしんに》さまの生まれ故郷《こきょう》であったので流刑中の聖人の身のまわりのお世話は恵信尼さまがこまごまとなされていたということも事実なのですが、このお二人のご結婚は流刑前だったのか流刑後だったのかは定《さだ》かではありません。いずれにせよ、この地は恵信尼さまの父君、三好為教《みよしためのり》氏の所領《しょりょう》でもあったということから、流刑中の聖人にとっても、身のまわりのお世話をなさる恵信尼さまにとっても、何かと有利《ゆうり》な条件《じょうけん》が整《ととの》っていたように思われます。

越後での五年の刑を終えられた親鸞聖人は、赦免《しゃめん》後もしばらくその地にお残りになり、念仏教化のために力を尽くされたということです。『御伝鈔《ごでんしょう》』上巻第三段に「も

しわれ配所におもむかずんば、なにによりてか辺鄙《へんぴ》の群類《ぐんるい》を化《け》せん。これなほ師教《しきょう》の恩致《おんち》なり。」と出ていますが、

もしわたしが流罪を受けてこの地に来なかったら、都から遠く離れたこのような田舎の人々に念仏の教えをどうして伝えることができただろうか。これもまたよき人法然さまのみ教えのおかげによるものである。

と、刑に服する暗い気持ちを転じて、念仏の教えを広める道に喜びを見出されたのです。

第五話　関東《かんとう》へのご出立《しゅったつ》

こうして赦免後二年ほどの月日が流れたある日のことです。親鸞聖人は恵信尼《えしんに》さまやお子たち、それに性信さんも交えて夕食をお召《め》し上がりになりながら、ぽつりぽつりとお話になりました。

「今日も一日みほとけのおかげで安《やす》らかな気持ちで過ごさせていただきました。ほんとにありがたいことです。なまんだぶ、なまんだぶ。わたしも罪《つみ》のお許《ゆる》しが出て、かれこれ二年ばかりこの地の人と念仏を喜ぶ日々を送ってきたが、うれしいことにこの地の人々の間に広く念仏がいきわたり、信心《しんじん》の人が多くちまたに満《み》ちあふれるようになった。思えば七年前はじめてこの地に来たとき、人々の表《ひょう》情《じょう》は暗く沈んでいるようだったが、うって変わっていつでもどこでも明るい穏《おだ》やかな笑顔《えがお》に出会える。そればかりか、こうしている今も、ほら明るい念仏の声が聞こえて来るではないか。なまんだぶ、なまんだぶ………。」

しばらく間をおいて、またお話を続けられました。

「これだけ念仏が拡《ひろ》がり、たくましく育ったこの地には、もはや思い残すこともなくなった。日本の国にはこのような念仏の光がとどかない所がまだまだ多いように思われる。みほとけから仰《おお》せつかった、ここでのわたしの役割《やくわり》はもうほとんどなくなった。ぼつぼつとほかの地へ移《うつ》り住もうと思うのじゃが。……性信房、あなたには吉水以来わたしの相談役《そうだんやく》や世話役《せわ》になっていただいて何かとずいぶんご苦労《くろう》をおかけしました。これから先もよろしくお願いしますよ。まずは、これからのわたしの行き先じゃが、やはり都《みやこ》から遠く隔《へだ》たった田舎《いなか》がよかろう。どうじゃ、おぬしの生まれ故郷《こきょう》のあたりで、ここはという所がないだろうか。」

話が思いがけなく性信さんの方へ向けられてきたので、性信さんは少しとまどったようでしたが、すぐに落ち着きを取り戻《もど》して、若者らしくはっきりとした口調《くちょう》で進言《しんげん》しました。

「聖人さまにはわたしの方こそ何かとお目にかけていただき、いたらぬわたしをお導きいただきましてお礼の申しようもございません。このご恩に報《むく》いるため日ごろ何かのお役に立つことができないかと、お仕《つか》えしておりますが、その万分の一もお返しができなくて心苦しく存じております。さて聖人さまのお行き先のことですが、この越後《えちご》でのご教化《きょうけ》の成果《せいか》から見ましても、おっしゃるとおり都から遠く離れたこのような田舎の方がよいのではないかと思います。わたしの生まれ育ったふるさともその一つです。わたしは鹿島神宮《かしまじんぐう》の神官《しんかん》の家系《かけい》に生まれながら、幼《おさな》い頃《ころ》から、腕白《わんぱく》のし放題《ほうだい》でガキ大将《だいしょう》としてそのあたり一帯《いったい》に悪名《あくめい》を轟《とどろ》かせてきました。今思えば、あのころは故郷の人々にずいぶん迷惑《めいわく》をかけていたにちがいありません。そんなわたしだったのに、まわりのお百姓《ひゃくしょう》や猟師《りょうし》のみなさんは叱《しか》ったり、諫《いさ》めたりはしてくれましたが、やさしいまなざしで、大概《たいがい》のことは大目《おおめ》に見ていてくれていたようです。…ええ、よくぞまあ…。本当に田舎に人は正直で、いい人ばかりですね。」

性信さんは自分の若かりし日をなつかしく思い浮かべるように、独りでうなずき、

ここでひと息入れました。

ここからは、聖人ご一家のなごやかな夕食の話題が性信さんの話だけに向けられ進

んでいきました。性信さんは聖人ご一家の熱い視線を浴び、信頼感に満ちあふれた雰囲気のなかで大いなる喜びを得て、いよいよ話をはずませていきました。

「こうした田舎の善良《ぜんりょう》な人々が、今ではなつかしく思い出されます。また、こういう人々は武士《ぶし》や都《みやこ》の役人たちの命令で戦《いくさ》にかり出されたり、きびしい年貢《ねんぐ》を取り立てられたりして毎日のくらしは決して楽なものではなかったと思います。このことは今も昔と変わらないと思います。こういう人たちは貧《まず》しいくらしの中で何の楽しみもなく生きる喜びを味わうひまさえないのです。文字《もじ》を教《おそ》わったり学問をしたりすることもできず、その上、生き物を殺《ころ》したりした罪《つみ》などで『お前たちは地獄《じごく》行きだ。そのような罪深い人間はほとけさまも救ってくださらない。』と云われ、救われることから縁遠《えんどお》い自分の身《み》を宿命《しゅくめい》としてあきらめざるを得ないのです。どうか聖人さま、このような気の毒《どく》な人たちにもみほとけの光を届《とど》けてやってくださいませ。この越後の地と同じくお念仏のあかりをともして生きる喜びが貧しい田舎の人々にひろがりますように。」

「そうじゃな、性信房の云われるとおりじゃ。ところでおぬし何か心あたりがおありか。」

と、聖人は性信さんのお話にうなずきながらおたずねになりました。

「そうですね。常陸《ひたち》の霞ヶ浦《かすみがうら》あたりはいかがでしょうか。そのあたりは湖のほとりに田畑がひろがる広々としたのどかなところで丁度近江の国のようなたたずまいです。周囲《しゅうい》には高い山もなく筑波山《つくばさん》というお山がひときわ高いので、どこからでも眺《なが》められ、方角《ほうがく》によってさまざまのすがた形に変わるのが見物《みもの》です。中でも、ときにはふと京の都から見る比叡《ひえい》のお山を思わせることもありますので、聖人さまもきっとなつかしさと親《した》しみをお感じになることかと存じます。そのあたりにはお百姓のほかに湖に出て漁《りょう》をする人、野山で狩《かり》をする人などが住んでいますが、さきほどお話しいた

しましたとおり貧しい暮《く》らしの中で、みほとけの教えに遇《あ》うこともできないまま一生を終《お》えてしまう人もたくさんいます。」

「なるほど、そんなところならば、ぜひ行ってみたいものじゃ、いや、ぜひ行かねばならぬ、のう性信房。」

「それに、聖人さまは常日《つねひ》ごろからひまさえあれば経典を求めて、熱心にお読みになっていますが、経典については、今申している常陸ならば、鹿島神宮の経蔵《きょうぞう》に山ほどもたくさんつまっていますので、ご不自由をおかけしないことと存じます。わたしめも腕白時代にその経蔵にはいって経本《きょうほん》を扇《おうぎ》のように開いたり、ぱらぱらと右から左に、左から右に繰《く》るのがおもしろくて夢中になっているところを父に見つけられ、よく叱《しか》られたものです。あのころはむずかしい漢字のいっぱい並んだお経の中身《なかみ》などには何の興味《きょうみ》も持たなかったわたしですが、今なら聖人さまのおかげで、多少《たしょう》なり読む力もついておりますので、わたしもお供《とも》して一緒に読まさせていただきたいとも思っております。」

「それは何よりのことじゃ、わたしも楽しみにしておりますぞ。そうと決まれば、出立《しゅったつ》は早いほうがよい。さっそく準備《じゅんび》にかかろう。恵信尼も子どもたちも一家《いっか》もろともそちらの方に移《うつ》り住《す》むつもりじゃ。性信房にも何かとお世話をかけることになると思いますが、よろしくたのみますぞよ。」

こうして話は楽しいうちにとんとんと進んで、いよいよ出立する日となりました。

第六話　佐貫《さぬき》での三部経《さんぶきょう》読誦《どくじゅ》

幼子《おさなご》をまじえた聖人のご一行は、急ぐあてもなく、ゆったりとした旅程《りょてい》で進められました。また道中《どうちゅう》で聖人の噂《うわさ》を聞いて念仏の教えを請《こ》う人がたくさんいましたので、そういう時はその土地に何日も逗留《とうりゅう》して教化《きょうけ》なされることも度々《たびたび》ありました。

ご一行がいよいよ関東に足を踏み入れられ、佐貫《さぬき》というところ（今の群馬県邑楽《おうら》郡大佐貫）にさしかかったときのことです。折からの大雨で川の水があふれ、水害のため足止《あしど》めを余儀《よぎ》なくされました。村人たちは大水で家や田畑を流されたり、泥水に浸かったりして、日常の衣食住にも事欠くありさまで困り苦しんでいました。聖人はそのような様子《ようす》をご覧になって、お心をお傷《いた》めになり、何とか人々を救う道がないものだろうかと、お考えをめぐらされました。「水害の後始末《あとしまつ》や傷病人《しょうびょうにん》の手当などには何の役にも立たない僧の身で一体何ができるだろうか、お経を読んで人々の無事と安穏をほとけさまにお祈りするほかはない。」とお考えになり、日ごろ愛楽《あいぎょう》なされている『浄土三部経《じょうどさんぶきょう》』を千回読誦《どくじゅ》することで供養《くよう》しようと思い立たれました。そして声高らかにお唱《とな》えになり、性信さんもそれに合わせて小声で口ずさんでいました。こうして何回か繰《く》り返《かえ》されたのですが、途中《とちゅう》でそれがご自分のまちがった考えであることにふとお気づきになり、中止《ちゅうし》なされました。

「ただこのようにお経を唱えて祈《いの》るだけで人々を困苦《こんく》から救《すく》えるのだろうか、お名《みょう》号《ごう》を称《とな》える念仏のほか何の不足《ふそく》があってこんなことをしているのか。わたしの心には今なお自力の思い上がりが残っておったのじゃなあ。常日ごろ如来さまにすべてをお預《あず》けしている身でありながら、どうにもならないことに無駄《むだ》な力を尽《つ》くしていたんだなあ。勿体《もったい》ないことじゃなあ、性信房。」

「そうおっしゃられますと、わたしめにも自力の思い上がりの心が根強く残っていて、まことの信心をいただく上に大いに邪魔《じゃま》になっているということがよくわかります。聖人さまのおかげで大切なことに気づかせていただきました。ありがとうございます。なむあみだぶつ。」

聖人のおことばに性信さんも明るい表情《ひょうじょう》で大きく頷《うなず》きました。

だからといって、聖人はお経を読むことを大切になされなかったというわけではありません。お師匠の法然上人も「読誦」といって「お経を読むこと」は正行として大切にしておられたことを承けてそれに従っておられます。ただそれはほとけさまをほめ讃える心の表れであって、自力で人を救うためのものではなかったのです。「お経を読むこと」はまた別の意味で大切なのです。

第七話　下妻《しもつま》の小島草庵《こじまそうあん》

聖人のご一行は長い旅の末、常陸の国（今の茨城県）に入られて筑波山《つくばさん》にほど近い下妻の小島という所に到着なされました。ここでひとまず身を落ち着かせるということで一家のお住まい所を定められました。このあたり一帯を治める守護《しゅご》の八田《はった》氏は仏法《ぶっぽう》に帰依《きえ》した武士で、特に善光寺《ぜんこうじ》信仰《しんこう》に心を傾注《けいちゅう》している人でした。このことから念仏の教えを説かれる親鸞聖人を快く《こころよく》迎《むか》え、手厚くもてなしました。性信さんも鹿《か》島神宮神官《しまじんぐうしんかん》の御曹司《おんぞうし》ということで敬意《けいい》と親《した》しみの念をもって迎《むか》えられたに違いありません。聖人のご一家は、笠間《かさま》の郷の稲田《いなだ》に移られるまでの三年間ここに住まわれたと云われます。

ここに滞在《たいざい》しておられた時に恵信尼《えしんに》さまの見られた夢の中に、法然上人《ほうねんしょうにん》が勢至菩《せいしぼ》薩《さつ》のお姿で現われられ、親鸞聖人が観音菩《かんのんぼ》薩《さつ》のお姿で現われられたということです。このことを恵信尼さまはだれにもお話しなさらず、ご自分の心に秘《ひ》めておかれたのですが、法然上人も親鸞聖人もその夢のとおりのお方《かた》であると信じて常に尊崇《そんすう》なされていたのです。このことは親鸞聖人がお亡くなりになってから、わが娘《むすめ》の覚信尼《かくしんに》さまに宛《あ》てられたお手紙の中で明かされてはじめてわかったことです。性信さんも後《のち》ほどそのことを聞いて、自分もまったく同じ気持ちで仏《ほとけ》さまのような聖人に長年《ながねん》お仕《つか》えしてきたことを満足げにふりかえり思い起こしていました。

聖人ご一家がこの下妻の地に住まわれてから三年ほど経過したある日のこと、性信さんが昔なじみの人に出逢って耳よりな話を聞いてきました。この下妻から筑波山の麓《ふもと》に沿って北東へ五里ばかり行った所の笠間《かさま》の郷の稲田という村に姫社という神社があり、そこには鹿島神宮と同じように大蔵経が奉納《ほうのう》されているということです。この稲田の領主《りょうしゅ》は稲田九郎頼重《よりしげ》という人で、その父の宇都宮頼綱《うつのみやよりつな》氏は鎌倉幕府《かまくらばくふ》の御家人《ごけにん》であり、武士でありながら和歌をたしなみ、また法然上人に教えを受けたこともあると云われています。頼重氏もまた専修念仏に心を寄せ、法然門下の親鸞聖人の噂《うわさ》を聞いて、ぜひこの地にお招きしたいということを側近《そっきん》の家来たちにもらしているということです。この稲田こそ聖人が教化のかたわら経典をひもとき本願念仏の大綱《たいこう》をおまとめになるお仕事をなさるのに最も条件《じょうけん》の整《ととの》ったところであると、性信さんはすぐさま聖人にそのことをお告《つ》げいたしました。

それをお聞きになった聖人は大変お喜びになり、さっそく稲田の方へお住まいをお移しになることになったのです。性信さんは前もって領主の頼重氏にその旨《むね》を伝《つた》え、ご一家のお住まい所の手配など、いろいろと便宜をはかっていただくよう取りなしました。

第八話　笠間《かさま》の郷《ごう》の稲田《いなだ》

聖人はやがて小島の草庵を引き払って笠間の郷の稲田に移り住まわれました。領主の頼重氏も親鸞聖人が稲田にお越しになることを心待ちにしていましたが、聖人ご一行のご到着の知らせを受けると自ら聖人の庵を訪ねて対面し、満悦《まんえつ》の笑顔で歓迎《かんげい》の意《い》を表しました。そしてその後も足繁く庵を訪れ、聴聞《ちょうもん》したということです。

ここ稲田の地は親鸞聖人にとっても親しみ深い自然環境《しぜんかんきょう》と人々の人情《にんじょう》に抱《いだ》かれ、念仏教化《ねんぶつきょうけ》にも著作《ちょさく》にもすべてにわたり最適《さいてき》の場所《ばしょ》だったので、関東における二十年間の大部分をこの地でお過ごしになりました。鄙《ひな》びた田舎《いなか》の粗末《そまつ》な草庵で、ひっそりとした暮らしをなさっていたのですが、念仏の教えを聞きに、毎日昼夜を問わず多くの人々が訪ねてきました。日が経《た》つにつれて聖人の人徳《じんとく》と念仏の教えのありがたさが風の噂《うわさ》となって拡がり、遠方から訪ね来る人もあり、草庵や前の庭はそういう人たちで埋《う》め尽《つ》くされ、あふれるようになりました。取り次ぎ役の性信さんも目のまわるほどのいそがしさです。しかし、性信さんはそんなことをものともせず、いそがしくても活気《かっき》のある毎日を生き甲斐《がい》とし、楽しみとしていました。ときには、草庵には入りきれず、庭で聴聞《ちょうもん》の順番を待っている人たちを相手に、自分が日ごろ聖人から教《おそ》わっている阿弥陀さまの本願についてわかりやすくお話することもあり、聖人は勿論《もちろん》のこと、性信さんにも信望《しんぼう》を寄せ、慕《した》って来る人も増えてきました。

このように聖人は、訪ね来る聴聞客を相手にいそがしい毎日をすごしておられましたが、弥陀《みだ》の本願こそ、老《ろう》若男女《にゃくなんにょ》、身分職業を問わずすべての人々を救う最もす

ぐれた法（教え）であると、確信《かくしん》なされ、そのお考えをまとめるお仕事に取りかかろうとなされていました。

それは『顕浄土真実教行証文類《けんじょうどしんじつきょうぎょうしょうもんるい》』という書物であり、『教行信証』という名でよく知られた本をお書きになることでした。この本は真宗の教えの根本となるもので、それ以来今日にいたるまで、私たち真宗門徒が最も大切なよりどころとしてきました。

聖人がこの『教行信証』をお書きになるに当たっては、『般若経《はんにゃきょう》』、『涅槃経《ねはんぎょう》』、『華厳経《けごんきょう》』など多くの経典《きょうてん》やインド、中国等の菩薩《ぼさつ》や高僧《こうそう》の書かれた書物を参考になされました。そのため度々性信さんと一緒に鹿島神宮や近くの姫社などの経蔵《きょうぞう》に足を運ばれ、大蔵経を貪《むさぼ》るように読んでは重要な部分を書き写してお帰りになったと云われます。『教行信証』にはそのような経典《きょうてん》や論釈《ろんしゃく》の本から引かれた文章が大変多く見られます。聖人はこうした引用文《いんようぶん》によってご自分のお考えが間違いのないことを明かそうとなされたのです。

聖人関東ご滞在《たいざい》の二十年間には、これらのほかにも、語らなければならないことがたくさんあり、枚挙《まいきょ》の遑《いとま》がありません。庵《いおり》での教化《きょうけ》説法《せっぽう》だけではなく聞法《もんぼう》の要請《ようせい》に応じて遠くまでお出かけになることも、しばしばありました。その上『教行信証』という大作に取り組まれ、それに関する経典などを読まれるというので、毎日昼夜を通して休むひまさえないほどの忙しさであったことには間違いありません。

第九話　弥陀尊像の御光

聖人は稲田ご滞在中、性信さんと共に鹿島神宮の経蔵に足繁く通われたことは、前にもお話ししましたが、稲田から石岡を通って玉造の浜に出てそこから霞ヶ浦湖上を船で渡って行かれました。幾度となく通っておられる間に道中での顔なじみもでき、特に船頭や茶店の人たちとも親しくなりました。こうした縁で聖人に念仏の教えを請う人も増えてきました。

ある日のこと、聖人と性信さんがこの玉造にさしかかられた時、浜辺にたくさんの

人々が集まって異様な騒ぎが起こっていました。近づいてその話の内容をよく聞いてみると、口々に

「この湖に夜《よ》な夜《よ》な光る物がある。一体何ごとだろう」

と不安まじりに騒いでいるのです。そして漁師の頭《かしら》の仁左衛門《にざえもん》という人が、丁度そこを通りがかられた聖人を見つけて、その不思議のわけを尋《たず》ねました。

「聖人さまは念仏の教えを説くりっぱなお坊さまだと、かねがねお聞きいたしております。私たちはみんなこの不思議な光におびえて不安でたまりません。どうかこの不安から逃れる方法をお教えください。」

聖人は静かに落ち着いた口調《くちょう》でお答えになりました。

「なにも心配なさることはありません。その光るあたりの底にきっと仏像がおわすのでしょう。このような湖の底に沈めておくことは勿体ないことじゃ。皆さんの力で何とかすくいあげられないかのう。」

仁左衛門さんは聖人のおことばを聞いて、これまでの不安がふっとんだように顔を

ほころばせました。周りにいたみんなも、安心して、ほっと胸を撫で下ろしました。

「皆の衆、聖人さまのおっしゃるとおりじゃ。安心するがよい。ところで、もし仏さまが湖の底に沈んでいらっしゃるのなら勿体ないことじゃ。みんなが力を合わせて、その光るものを上げてみようじゃないか。底引き網を使えば何とかなるだろう。さあ、さっそくとりかかろうぞ。」

仁左衛門さんのことばに励《はげ》まされて、そこに集まっていた漁師《りょうし》たちも
「おー」と一斉《いっせい》に鬨《とき》の声をあげました。

こうして仁左衛門さんの指揮《しき》で、漁師たちが五、六艘《そう》の舟に分かれて乗り、そこに聖人も性信さんも加わって仕事にかかりました。何度も何度も湖の底を探ってみたのですが、それは大変むずかしいしごとでした。夕暮れ近くになってやっと一尺八寸の阿弥陀さまの座像《ざぞう》が網に

かかり引き上げられました。その阿弥陀像は金色《こんじき》に輝いていたということです。聖人は感激《かんげき》のあまり声高らかに「なむあみだぶつ、なむあみだぶつ……」とお念仏を称《とな》えられました。それに合わせて性信さんも仁左衛門さんも、漁師たちも一人残らず念仏を称えました。金色《こんじき》に輝く阿弥陀さまを囲《かこ》んで、その喜びに満ちあふれた念仏の大合唱が夕暮れ時の湖上に響き渡りました。その情景《じょうけい》は極楽浄土の曼陀羅《まんだら》さながらでした。

阿弥陀さまの座像《ざぞう》は、それ以来、聖人が稲田の庵《いおり》に安置《あんち》なされて聞法《もんぼう》に訪れた人々の仰《あお》ぐご本尊《ほんぞん》となされました。

第十話　関東の門弟たち

親鸞聖人は「阿弥陀さまのお導きによって念仏している人々を自分の弟子だなどということは、もってのほかです。わたしも皆さんと同じようにみほとけの弟子であり、同じ念仏の道を歩む者です。」と常々仰せになっていたのですが、関東ご滞在中には、そのような聖人のお徳を偲んで多くの人々が門下に入り事実上の弟子として仕えるようになりました。そして自らも率いる門徒の指導者となって聖人のみ教えとしての真宗を広める勢力がだんだんと強くなり広まっていきました。

中でも性信さんはその第一人者であることはこれまでお話ししてきた通りですが、稲田からかなり隔たった下総の国の横曽根《よこそね》という地に真宗の念仏の道場をつくり「報《ほう》恩寺《おんじ》」と名づけました。それは建保二年（一二一四年）性信さん二十八歳のときでした。そこで性信さんは親鸞聖人の教えをそのまま承けつつ多くの門下生を育てました。こうしてこの地を中心として「横曽根門徒」と呼ばれる大きな念仏集団が生まれました。

性信さんとならんで二大直弟《じきてい》と云われた真仏《しんぶつ》というお坊さんがいました。この人は真壁城《まかべじょう》の城主で椎尾弥三郎春時《しいおやさぶろうはるとき》というのが俗名《ぞくみょう》だったのですが、十七歳のとき親鸞聖人の弟子になりました。結城城主《ゆうきじょうしゅ》、結城七郎朝光《ともみつ》氏もまた親鸞聖人の説かれる本願念仏の教えに帰依《きえ》し、新居寺院を念仏聞法《ねんぶつもんぼう》の道場としました。後に結城本郷西ノ宮に移転《いてん》して「称名寺」という結城家《ゆうきけ》代々の菩提寺《ぼだいじ》となりました。真仏さんはそのお寺の開基《かいき》として招《まね》かれました。また真仏さんは、下野の国高田の念仏道場を聖人から譲り承け、多くの門下生を育て、そのおかげでここにもまた「高田門徒」と呼ばれる大きな念仏の集団が生まれました。

この横曽根・高田の二大勢力に次いで鹿島門徒も親鸞聖人の流れを汲む真宗門徒として加えるべきものと思われます。これは聖人の度重なる鹿島詣でがご縁となってできたものです。鹿島神宮大宮司の片岡信親氏は親鸞聖人のお徳を慕い、弟子となり、法名を順信房信海と賜りました。一方、この地に任じられていた地頭村田高時氏の妻が難産のために十九歳で死亡したので、近くの無量寺に手厚く葬りました。ところが、その後、幽霊騒動で周囲の人々は恐れをなして近寄らず、住職もいろいろと手を尽くしましたが、なす術《すべ》もなく、とうとう行方知れなくなってしまいました。高時氏は、親鸞聖人が鹿島詣での際にこの地をお通りになることを聞き、御済度をお願いすることにしました。聖人は快くお聞き入れになり、鹿島詣での帰途、順信房とともにお立ち寄りになり、幽霊出現のお墓の前で懇ろに念仏をお称えになりました。そして「弥陀たのむ　こころをおこせ　皆ひとの　かわるすがたを見るにつけても」という歌を詠まれました。するとたちどころに幽霊は菩薩に変じて往生を遂げたということです。聖人はこのお寺に三年間ご在住なされた後、「無量寿寺」と改め、順信房にお譲りになったということです。順信房はその後このお寺を拠点にして、親鸞聖人のみ教えを忠実に守り真宗門徒の育成に励みました。

このほかにも多くの門弟がいて、関東各地でそれぞれ門徒育成に努めたのですが、中には、親鸞門弟と偽って、造悪無碍などのまちがった教えを説く人もいて、迷いや混乱のもととなったことも少なからずありました。

第十一話　聖人の帰洛《きらく》

聖人がこの関東の地に足を踏《ふ》み入れられてから二十年の月日が流れ、文暦《ぶんりゃく》元年を迎《むか》えました。聖人の御歳《おんとし》も六十の齢《よわい》を越え、念仏教化にあちこちへと動き回り、勢力を使い果たすにもいささか抵抗《ていこう》を感じられるようになりました。それに今では聖人自らがいちいちご教化の場に出られなくても、若くて頼《たの》もしい門弟たちが聖人に代《か》わって念仏《ねんぶつ》教化《きょうけ》に励《はげ》んでいる姿があちこちで見られるようになりました。聖人はご苦労なされた昔のことをなつかしく思い浮かべられながら、満足げにつぶやかれました。

「性信房も真仏房も、その他の房も、わたしに代わってよくやっていてくれる。ここまでよく育ってくれたものじゃ。もはや関東でわたしのやるべきこともなくなったようじゃ。都《みやこ》を離れてかれこれ三十年近くなるが、その後の都はどうなっているかも気にかかる。そろそろここを引き上げて都に帰るとしようか。京に帰ったら、

『教行信証』のほかにも、本願他力の念仏についてわたしの考えをまとめて書きたいことが山ほどある。」

そばで聖人のひとりごとを聞いていた性信さんは、思いもよらぬ聖人のお気持ちを知って、初めはとまどいましたが、やがて関東の現状とそれをお受けとめになっている聖人のお気持ちがよくわかり、納得できるようになりました。そして自分の身にも大いに関係する一大変化《いちだいへんか》を受け入れる覚悟《かくご》をきめました。

「聖人さまの今のおことばをお聞きしてわたし自身もびっくりしましたし、このことをほかの門弟たちやこの地の多くの人たちが知ったら、さぞかし驚《おどろ》くことでしょう。聖人さまにいつまでもこの地に居てただきたい気持ちはわたしもこの地の人たちも変わりはございません。しかし聖人さまの京へお帰りになろうとなされるお気持ちも、さっきのお話からすれば、ごもっとものことだと思われます。だからこの際《さい》は京へお帰りになるのがいちばんかと思います。」

「性信房、よくぞ云ってくだされた。やはり長年家族同様に一緒に暮らしてきた間《あいだ》柄《がら》だから心もよく通じ合うものよのう。」

「もったいないおことばです。わたしはただ聖人さまのおそばでお仕えし、お徳やみ教えに触《ふ》れさせていただくことが何よりの幸せと喜んでいるばかりです。これからもずっと変わらずお召《め》し抱《かか》えくださいますようお願いいたします。つきましては京へお帰りになる節《せつ》もぜひお供《とも》させてくださいませ。」

「ありがたいお志《こころざし》、かたじけなく思いますぞよ。それはそうと、わたしが京へ帰った後のことじゃが、一つだけ気がかりなことがあります。性信房や真仏房などのようにしっかりした人は何の心配もないのじゃが、門下《もんか》の中には、わたしの常々《つねづね》説《と》くあの悪人正機《あくにんしょうき》のことをはきちがえている人が今でもいるので、折《おり》に触《ふ》れ時に触れ、たしなめてはいるんですが、なかなか心を改《あらた》めてくれない……そういう人の間違った考えが、この地に

育った真宗の教えを乱《みだ》すのではないだろうか……このことが気がかりなのじゃ。」

「聖人さまのおっしゃることは、わたしも前々《まえまえ》から気にかけておりましたが、そういうことは聖人さまがこの地を離れられると、ますますひどくなるのではないかと心配しております。」

「そこで性信房も一緒に考えていただきたいのじゃが、わたしが京に帰った後の関東で、わたしの説く本願他力の教えを間違いなく人々に正しく伝えてくれる人を門下から選《えら》び出して、その人たちにわたしの後《あと》を託《たく》したいと思っているのじゃ。その一番は性信房、二番は真仏房と思っておるが、それでいいのう……。あとは性信房とわたしで思い当《あ》たる人を挙《あ》げてみることにしましょう。」

こうして「関東二十四輩《にじゅうよはい》」という親鸞聖人の直弟《じきてい》が選

び出されました。

第十二話　思い出深い玉造《たまつくり》の浜と鹿島地方

その年の五月、野山の草木が鮮やかなみどりに輝く頃、親鸞聖人は、稲田をあとにして帰洛《きらく》（京に帰る）の旅に立たれました。もちろん性信さんもこの旅に同伴《どうはん》しての旅でした。性信さんは道中の聖人の身を護衛《ごえい》するとともに草枕《くさまくら》を慰《なぐさ》めるお相手《あいて》になったりして細《こま》やかな心を遣《つか》いました。

稲田を出ると石岡《いしおか》を通り玉造《たまつくり》から霞ヶ浦《かすみがうら》の湖上《こじょう》をわたり、鹿島神宮《かしまじんぐう》に立ち寄り、参詣《さんけい》なされました。ここまでの道中は、かつて度々《たびたび》鹿島神宮参詣《かしまじんぐうさんけい》と大蔵経《だいぞうきょう》拝読《はいどく》のために通《かよ》い慣《な》れた懐《なつ》かしい道のりでもありました。

また玉造《たまつくり》の浜は、聖人にとっては特に一生涯《いっしょうがい》忘れがたい思い出のある所です。

現に笈の上におわします阿弥陀さまですが、聖人も性信さんもその尊顔《そんがん》を仰ぐ度ごとに、遠い日の出来事《できごと》をなつかしく思い浮かべられるのでした。

第十三話　箱根《はこね》での訣別《けつべつ》

思い出多い常陸の国を出ると、寄り道する所もなく、下総《しもふさ》、上総《かずさ》を素通りして、相模《さがみ》の国に入りました。左に相模湾をながめながら海岸沿いに見晴《みは》らしのよい道がつづきますが、小田原を過ぎたあたりから、箱根の険《けわ》しい山が目の前に迫ってきました。そしていよいよ登りの坂道にさしかかりました。胸を突くほどの急な坂が旅人の前に立ちはだかっています。聖人は六十歳を越えておられる身とは言え、頑丈《がんじょう》な足腰《あしこし》でぐんぐんと登《のぼ》っていかれますが、若い性信さんは聖人の背後《はいご》から支《ささ》えるようにいたわりながら登っていきました。二人とも息を切らし、あえぎあえぎ半時あまり登って行かれたところ、道がややなだらかになり、かたわらに畳《たたみ》四、五畳《じょう》もありそうな大きな岩が台のように横たわっていました。そこは旅人たちが休息するには丁度いい場所でした。

「このあたりでひと休みしようか、のう性信房。」

「ええ、それがいいと思います。聖人さまもずいぶんお疲れになったでしょう。」

「性信房は、わたしの身を案じながら登って来られたから、なお一層疲れたでしょう。」

二人はその岩に腰を下ろして、竹筒の水で喉《のど》を潤《うるお》しました。しばらくすると、麓《ふもと》の方から二人のお坊さんが急ぎ足でハアハアと息をきらせながら登ってきました。それは、性信さんと同じように聖人のおそばで仕えていた蓮位《れんい》房と西念《さいねん》房でした。どうやらこの二人は聖人に何か重大なことをお知らせするために、後《あと》を追って駆《か》けつけて来た様子《ようす》でした。

「ああ、やっとここで追いつけた、やれやれ。」

「聖人さま、たいへんでございます。聖人さまが立たれたあと、門弟の中にも良からぬ考えを持つ者たちが、聖人さまの誡《いまし》めに背《そむ》いて、念仏さえもうせばいくら悪いことをしてもよいなどと言いふらし、人々の心を惑わしています。」

「そうなんです。あの人たちは、目に余るような悪事をはたらき、勝手な理屈をつけて、それが真宗だと、平気な顔で言い張っているのです。」

「これでは聖人さまのみ教えをはきちがえて、阿弥陀さまの御名《みな》を汚《けが》すことも甚《はなは》だしいことなので、わたしたちが一生懸命に間違いを正そうとするのですが、もうわたしたちの手に負えなくなりました。」

二人が代わる代わる矢継《やつ》ぎ早《ばや》に要件《ようけん》を告《つ》げました。

聖人もそれをお聞きになって腕組みをしながら
「うーん、やっぱりそうか。悪い予感があたったか。」

と大きなため息をつくようにうなずかれました。蓮位房が更に続けました。

「この上は、聖人さまに次いで我々の強力な指導者と仰《あお》ぐ性信房どのにお帰りいただいて、説得していただくほかはないように思われます。」

西念房もたたみかけるように云いました。

「性信房どの、どうかお助けください。関東へお帰りいただき、間違った考えに惑《まど》わされている人々を安心させてやってください。聖人さまの京までのお供は、およばずながら蓮位房とわたしのふたりがおつとめさせていただきますから。」

性信さんは、これに答える前に、聖人のお考えをうかがうかのように聖人の方に目をやりました。聖人は性信さんに向かって、おもむろに口を開かれました。

「のう、性信房、この際、関東の乱れをおさめられるのはおぬししかいないと、わたしも思うのじゃが。残された関東の人たちもおぬしの采配《さいはい》をいちばんに待ち望んでいるとのことじゃ。この際はやっぱり関東に帰っていただけるかのう。おぬしの顔を見れば関東の人たちも、きっと安堵《あんど》の胸をなでおろすことでしょう。」

その時、性信さんの目からひとすじの涙がこぼれ落ちました。つらい判断に迫られている聖人のお気持ちが、痛いほどわかっていたからです。この上は「京まで聖人のお供をしたい」という気持ちを捨てて関東に帰らなければならないと心に決めたとたん、目がしらにあふれる涙が堰《せき》を切ったようにとめどなく流れ落ちるのでした。

「聖人さまの仰《おお》せとあらば、いたしかたございません。ここでお別れするのは断《だん》腸《ちょう》の思いではございますが、関東へ帰らせていただくことにします。」

この時、聖人の目にも熱《あつ》い涙があふれていました。そして笈《おい》から紙片を取り出して

病《や》む子をばあづけて帰る旅《たび》の宿《やど》
　こころはここに　残りこそすれ

と口ずさみながら、したためられました。「病む子」とは、関東に残してきた人々のことです。心ない人のことばに惑わされている人々を関東に残して京に向かっているのは、丁度、親が旅先で病気になったわが子を預《あず》けて帰らねばならない時のように気がかりで、たまらいというお気持ちだったのです。

こうして性信さんは、ここ箱根の地で聖人とお別れして関東へ帰ることになったのです。

「聖人さま、名残《なごり》は尽きませんが、ここでお別れいたします。つきましては、京へお帰りの途中、近江《おうみ》の国木辺《きべ》の地に毘沙門天王をおまつりしたお堂がございますのでお立ち寄りなされては、いかがなものでしょうか。

その地に地頭《じとう》として派遣《はけん》されている石畠資長《いしばたけすけなが》氏とは私も懇意《こんい》の仲でございますので、すでに書状を送って、聖人さまを丁重《ていちょう》におもてなしするように申しつけております。石畠氏も仏法に志《こころざし》篤《あつ》く聖人さまのみ教えを仰ぎたいと、心待ちしていることでしょう。」

「性信房のお心遣い、ありがたくお受けしますぞ。まことに結構なご縁じゃから、ぜひ立ち寄り参詣さ

せていただきますぞ。」

「では聖人さま、これから先の道中、くれぐれもお気をつけくださいませ。」

「性信房も、お体をお大事に」

親鸞聖人と性信さんは互いに熱い思いをこめてお別れの言葉を交わされました。

第十四話　近江《おうみ》の国木辺《きべ》にて

親鸞聖人ご帰洛の旅は、その後、箱根《はこね》権現社《ごんげんしゃ》、三河の柳堂《やなぎどう》明眼寺《みょうげんじ》（現在の妙源寺）、美濃《みの》関ヶ原《せきがはら》の聖蓮寺《しょうれんじ》等に立ち寄られ、それぞれの地で教えを請う人々に念仏のみ教えを説かれるために何日もご滞在されました。そして翌嘉禎《かてい》元年四月下旬の夕刻にやっと近江の国木辺《きべ》の毘沙門堂に到来《とうらい》なされました。

お堂の前に一本の大きな松の木がありました。聖人は取りあえず、背中の笈《おい》をおろして、その松の枝に掛けて、毘沙門《びしゃもん》さまにお参りなされました。寺僧が出てきて

「長旅《ながたび》お疲れさまでした。かねてより地頭石畠《じとういしばたけ》さまにお聞きしております親鸞聖人とお見受けいたします。今夜はひとまずこの堂でお休みくださいませ。ご到着の旨を石畠さまにもお伝えいたしておきます。石畠さまとは明朝《みょうちょう》にでもお出会いいただけることかと存じます。」

と丁重にお迎えの言葉を述べました。

その夜、親鸞聖人の夢の中に毘沙門さまが現われられ、

「この地に弥陀《みだ》を安《あん》じ、仏法《ぶっぽう》を興隆《こうりゅう》したまわば、我よく弘通《ぐづう》を守護《しゅご》せん。」

と、お告げになったということです。

一方、石畠氏は、同じ夜、寺僧から親鸞聖人ご到着のお知らせを受けました。このことは性信さんの書状により予《あらかじ》め存知して心づもりをしていたことでもあったのですが、その夜の夢に毘沙門さまが現われ、聖人のみ教えを受けるようにお勧めになりました。

その翌日、石畠氏は朝早くお堂に馳《は》せ参じると、毘沙門さまの傍《かたわ》らに座っておられ

る親鸞聖人のお姿が目に入りました。性信さんの書状により、かねてから頭に描いていた通り尊いお姿でした。石畠氏は聖人の前で深々と頭を下げ、うやうやしく申しました。

「これはこれは、親鸞聖人さま、この度はようこそこの木辺の地にお越しくだされました。それがしはこの地の長《おさ》石畠民部太輔《みんぶだゆう》でございます。ご尊顔を拝することができまして、まことにうれしく存じます。聖人さまのお徳については、それがしの尊敬する性信房より重々《じゅうじゅう》承っており、今日まで首を長くしてお待ち受けいたしておりました。」

「それはそれはご丁重なるご挨拶をいただき、かたじけのう存じます。性信房のよしみにあずかり、お会いできたこと、私も嬉しく思います。」

「さっそくでございますが、聖人さまにはこの地にしば

らくご逗留《とうりゅう》いただき、私ども田舎の民にもお念仏のみ教えに遇わせていただけますようご教示《きょうじ》賜りたく存じます。何とぞよろしくお願い申し上げます。」

「まことに結構なご縁です。私も皆さんとともに阿弥陀さまの本願によりお浄土へ導かれる身です。この地の皆さんとともにお念仏の喜びを味わわせていただくため、しばらくここに逗留することにしましょう。」

このようにして親鸞聖人がこの木辺の地で念仏のみ教えをお広めになる話がまとまりました。

初めのしばらくは道場としてこの毘沙門堂をつかうことになりました。毘沙門さまを脇にお移しして本檀《ほんだん》に霞ヶ浦の湖底から上げられた弥陀の座像を安置しました。この弥陀像は親鸞聖人が帰洛の旅の道中、常々《つねづね》笈の上に載せて大切にお持ち運びなされてきたものです。

また親鸞聖人のご滞在中にこのお堂で天女が錦を織ったという伝説がありますが、それはともかくとして、ある朝、仏前に紫香《しこう》に輝く錦が供えられていました。それを時の天皇四条帝《ていい》に献上《けんじょう》したところ帝《みかど》は叡感《えいかん》のあまり錦を還《かえ》し、「天神護法錦織之寺」という勅額《ちょくがく》を賜《たまわ》りました。それにふさわしいお寺のお堂が建立されることになり、このお寺を「錦織寺」と呼ぶようになりました。

やがて聖人のみ教えを聞くために、近在の村々から老若男女、身分の上下を問わず、多くの人々がこの寺に集まってきました。

石畠資長氏は「善明」という法名を賜り、親鸞聖人が京へお帰りになった後はこの錦織寺の中心となって念仏のみ教えを広めるために力を尽くしました。こうして錦織寺が親鸞聖人のみ教えを正しく承け、他力信心にもとづく念仏のふるさとになったということです。その陰《かげ》に性信さんの偉大《いだい》な功績《こうせき》が偲《しの》ばれてくるのです。

第十五話　その後の性信さん

箱根で涙の訣別をされて以来、親鸞聖人は京都にお帰りになり、性信さんは常陸の国に引き返して、造悪無碍などの間違った考えがもとで起こった混乱を鎮めるための指導に当たりました。しかしその仕事は並大抵のことではありませんでした。混乱は、造悪無碍だけにはとどまらず、「無念と有念とではどちらが正しいのか」とか「一念なのか多念なのか」などの言い争いが加わって、ますます広がり、大きくなっていきました。性信さんは、高田の真仏さんや鹿島の順信さんと連絡をとり合って門弟たちの迷いや混乱の収拾に力を尽くしました。また遠く離れた京都の親鸞聖人にたびたびお手紙を送り、関東の事情を詳しく報告して聖人のご指導を仰ぎました。

聖人は関東を去られた後も、そこに残してきた門弟たちのことが気がかりで常にご心配なされていましたので、性信さんからのお手紙を絆《きずな》として特に大切になされ、懇ろなお返事やご指導のお手紙をお書きになりました。

お手紙のやりとりは性信さんに限らず、多くの門弟たちとなさっていますが、性信さんと交わされたものが最も重要なものとされています。

門弟の中には、迷いや混乱に耐えかねて、はるばる京都まで足を運び、聖人を訪ねて来る人も少なくありませんでした。

こうしてその後の関東の事情は聖人のもとに手に取るように伝えられていました。

「これは性信房だけにお任せしておくことも気の毒なことじゃ。しかし、この老いぼれた身で今更関東への長旅をするわけにもいかないし、さてさて、どうしたものかなあ。」

と、聖人はしばらく思案なされていましたが、聖人の頭に或ひらめきがよぎりました。

「そうじゃ、善鸞に託してみてはどうかな。善鸞もこのごろめっきり成長して、頼もしい青年になったことだし。」

聖人は、ちょうどその時そばにいた善鸞さんにしんみりとした口調で語りかけられました。

「のう善鸞、お前も知ってのとおり関東では私の教えをはきちがえている者があっちこっちにいて人々を惑わしているが、困ったものじゃのう。私が京に帰ってから後のことは性信房に任せているのだが、近ごろは、どうやら性信房一人だけでは手に負えないありさまとなっているようだから私も気になり心を傷めている。このことについて、お前はどのように感じているかのう。」

善鸞さんは、日ごろ敬愛する父親から一人前の人間として語りかけられ、内心大きな自信と喜びを感じ、自分の思いのままを述べました。

「お父さまのご心配は、日ごろのご様子で私もそばにいてお察ししております。関東では、良からぬ心の持ち主がいて造悪無碍などのことで人々を惑わせ、混乱におとしめる者がたくさんいることについては、私も心配で、何とかならないものかと思っております。」

「善鸞がそのような気持ちでいてくれるのは父親としても大変うれしく思う。またお前も私に代わって真宗の教えを人々に正しく伝え広げてくれるものと信じている、まことに頼もしい次第じゃ。」

「いえいえ、私など、お父さまの足下《あしもと》にも及ばぬ未熟者です。お父さまの名代《みょうだい》など、滅相《めっそう》もございません。」

善鸞さんは、父親から出た思いもかけぬことばを遮《さえぎ》るように言いましたが、内心はますます快さが増長していきました。聖人は、さらに真剣な面《おも》もちで話し続けられました。

「私もこの歳《とし》で今さら関東へ出向くなどということは無理なことじゃ。お前は生まれた時から私のそばで育ち、私の気持ちや教えを十分理解しているものと信じての頼みじゃが、ぜひとも私の名代としてお前に関東へ行ってもらいたいのじゃ。父の一生の願いを受けてもらえるかのう。」

「お父さまがそこまで私を信頼してくださることは勿体ないほどうれしく思います。この上は至らぬ私でございますが、お父さまの言いつけどおりにさせていただきます。」

善鸞さんは覚悟を決めて、きっぱりとこう言いました。

こうして善鸞さんは、敬愛する父、親鸞聖人の名代として関東に旅立ちました。関東では「親鸞聖人のお子様」としてきっと尊敬と信頼のもとに手厚くもてなされるであろうと期待に胸ふくらませて、まず聖人と最も親密な性信さんを訪ねました。

性信さんは善鸞さんの顔を見るなり、大喜びで歓迎の手を差しのべました。

「お坊ちゃま、ようこそ関東まで、はるばるお越しくださいました。それにしても立派にご成人なされたので、お坊ちゃまなどと言うのは勿体《もったい》ない、善鸞さま、とお呼びしなくっちゃ。ねえ善鸞さま。さあさあ、こちらへどうぞ。」

と、手を取るようにして家の中に通されました。

善鸞さんは、子どものころよく性信さんに可愛がってもらっていたので、そのやさしいまなざしに会い、長旅《ながたび》の疲れも癒《い》やされました。

「ありがとうございます。子どものころ性信房《ぼう》おじさまに可愛がっていただいたこ

とが懐《なつ》かしく思い浮かんできます。これからもお世話になりますが、よろしくお願い致します。」

「前もってお父さまからお便《たよ》りをいただいていますが、この度の善鸞さまには大変なお役わりがおありなんですね。これは私たち自身の問題でもありますので、私としても善鸞さまと共々手を取り合ってやらねばならないと思っています。お互いにがんばりましょう。」

このように二人の出会いは大変すがすがしいもので、何のかげりもない、明るい未《み》来《らい》が感じられました。

親鸞聖人帰洛《きらく》後の関東では年を経《へ》るにつれて真宗の教えも堅固《けんご》さを欠《か》き、聖人直々《じきじき》に指導を受けた弟子たちの中にも異安心《いあんじん》や造悪無碍《ぞうあくむげ》に惑わされ、手のつけようもないほど混乱への道をたどっていました。この混乱を収拾《しゅうしゅう》するために、この二人が乗り出そうとしているのです。

善鸞さんは、大先輩の性信さんと肩を並べて関東における真宗の大問題に取り組もうとしている自分が誇《ほこ》らしくなって、限りない闘志《とうし》と意欲をその若い胸にみなぎらせていました。

性信さんも善鸞さんを尊敬して全く同等の地域割り分担で問題解決に当たることにしました。

ところで性信さんの方は経験も豊かで、人徳《じんとく》や指導力の点においても関東一円に知れ渡っていて、信頼感も厚いので難なく効力《こうりよく》を発揮《はっき》することができたのですが、善鸞さんの方はどこへいっても未熟《みじゅく》な若僧《わかぞう》として扱われ、反発や抵抗に遇っても、それをはねのけるだけの指導力がありませんでした。失敗にくじけることなく、何度も何度も根気よく挑戦《ちょうせん》されたのですが、人々の反発はますます強くなり、空《むな》しさが募《つの》るばかりでした。

「ああ、これは一体どうしたことなのか、私が親鸞の子であると、みんな知っているはずなのに、それだけでは信頼してもらえないのか、どうすれば私の言うことを信頼してもらえるのだろうか。」

と、善鸞さんは悩み苦しむことが多くなりました。

善鸞さんは、親鸞聖人の名代《みょうだい》として一生懸命に努《つと》めようとしましたが、もがけばもがくほど、自分の非力が人々の不審《ふしん》と反感《はんかん》を招《まね》くもととなり、どんどん苦境《くきょう》に追い込まれていきました。そしてその限界《げんかい》が遂《つい》に訪《おとず》れました。人々の冷《ひ》ややかな応対《おうたい》に自《じ》尊心《そんしん》は傷《きず》つき、腹立たしくなり、心は穏《おだ》やかならず、気も動転《どうてん》してしまいました。

「ああ何《なん》てことになったのか。このままでは私の身も破滅してしまうぞ。何とか手を打たなけりゃならない。この腹立たしさは尋常《じんじょう》なことでは虫がおさまらない。こういった連中は誑《たぶら》かしてでも靡《なび》かせないかぎりはだめなんだ……」

善鸞さんは、腹立ちまぎれに、心の中でよからぬ一計《いっけい》を練《ね》り上げました。

「実は、あなたたちが信じている親鸞の教えは、鄙《ひな》びた田舎《いなか》の愚《おろ》かな人々を信じさせるために作った偽《いつわ》りの教えである。本当の教えは、実の子である私にだけ或る夜授《さず》けてくれた。だからあなたたちが今信じている考えを捨てて私の話を聞かないかぎりは本当の信心が得られないぞ。」

と、まことしやかに話を造り上げて、善鸞さんの話を聞こうとしなかった人々にあちらこちらで巻き返しを図《はか》りました。すると、善鸞さんに対する反発がますます大きくなり、蜂の巣を突《つつ》いたように大騒《おおさわ》ぎとなりました。このことは当然《とうぜん》性信さんの耳にも入り、その外の高弟《こうてい》たちにも知れ渡りました。

性信さんは善鸞さんを訪《たず》ねて、静かに諭《さと》すように云いました。

「善鸞さま、近ごろあなたのよからぬお噂《うわさ》を耳にするんですが、それがあなたのご本心《ほんしん》とは到底《とうてい》思えません。お父上の御名を汚《けが》すことにもなりますので、どうか心をお改《あら》め下さい。」

と、懇願《こんがん》するように云いましたが、善鸞さんは積もり積もった不満を抑《おさ》えきれず、性信さんの諭《さと》す言葉も最早《もはや》聞く耳を持ち合わせていませんでした。心はすさみきって

世を怨《うら》み、誰一人として信頼《しんらい》することができなくなっていました。

「私は、私の考えを受け容《い》れようとしない真宗の人たちが憎くてたまらなくなった。父上の教えとはいえ、こんな真宗に未練《みれん》がましくとどまりたくない。今日限りこの場を立ち去ることにする。」

と言い捨てて、どこへともなく姿を消してしまいました。

性信さんはこのことに心を傷《いた》め、何日も何日も悩《なや》みましたが、この善鸞さんの行状の一部始終《しじゅう》を京の親鸞聖人に報告するよう決意し、涙ながら書面《しょめん》をしたためました。

聖人もそのお返事の中で事の重大性を鑑《かんが》み、善鸞さん（慈信房）の義絶を決意なされ、その旨を性信房に伝えておられます。

第十六話　善鸞さんの策謀

そのころ関東では、親鸞聖人に直接教えを受けた性信さん等の率いる門徒のほかに、新しくできた真宗の道場主もあり、その人たちの中には元からある門徒と張り合って勢力を広げようとする者も少なからずいました。

性信さんのもとを去った善鸞さんは、そういう人を言葉巧みに誘い込み、自分を受け容れなかった人たちへの怨《うら》みを晴らそうとしました。一方、親鸞聖人の直弟《じきてい》の率《ひき》いる門徒の中にも異安心に惑わされたり、誤解《ごかい》や不満を持つ者がいて善鸞門下に走った人もたくさんいたと言われています。

当時は真宗門徒衆の中の不心得者が「造悪無碍《ぞうあくむげ》」や「本願ぼこり」に走る者も少なからず、そのため真宗の念仏者は、社会を乱す不届き者として地頭《じとう》や名主《みようしゆ》に厳しい目で取り締まられていました。それは勿論その背後に鎌倉幕府の厳しいお達しがあったからです。このようなご時世《じせい》では、親鸞聖人直弟の性信さん等にも疑惑《ぎわく》の目が向けられようとしていました。そして親鸞聖人の正しい教えのもと真面目に生きる真宗の念仏者までが大きな迷惑を蒙《こうむ》ることになりました。

善鸞さんは、こういう風潮《ふうちよう》に乗り、「賢善精進《けんぜんしようじん》」を旗じるしに掲げる新興《しんこう》の勢力と同調《どうちょう》して、地頭、名主等や旧仏教寺院や諸社の非難・圧迫を避けるとともに、直弟門徒の切り崩《くず》しを計《はか》ることになったのです。

善鸞さんは、建長七年（西暦一二五五年）ついに直弟門徒を「造悪無碍・本願ぼこりの念仏者であり、諸神《しょじん》諸仏否定の急進《きゅうしん》念仏者」として鎌倉幕府に告発《こくはつ》するという訴訟《そしょう》事件にまで至りました。

その被害者として善鸞さんの矢面《やおもて》に立ったのは、言うまでもなく性信さんです。

性信さんは、鎌倉の法廷において、日ごろ信ずる所を堂々と述べられました。

「真宗のまことの信心は決して造悪無碍《ぞうあくむげ》のものではなく、諸神諸仏を否定するものでもなく、阿弥陀如来からいただいた信心によって往生《おうじょう》が決定することを喜ぶ所にあります。念仏することは仏のご恩に報謝《ほうしゃ》することであり、ひいてはこの国のみんなが安穏《あんのん》な暮らしができることにつながるものであります。これが私たち念仏者の誠《まこと》です。このような告発《こくはつ》は無実無根《むこん》のものであり、心外《しんがい》に存じます。」

このように誠心誠意《せいしんせいい》を尽くされた結果、二年後の康元二年（西暦一二五七年）この訴訟事件は、善鸞さんの敗北《はいぼく》となり、終結《しゅうけつ》しました。即ち性信さんの勝訴ということになりますが、これは勝ち負けの問題というよりも、真宗の教えの誠が幕府の役人たちにも理解を得ることができたと言えるのではないでしょうか。これも性信さんが常々親鸞聖人に奉事《ぶじ》し、学び、積み上げて来られた人徳《じんとく》の致す所だと思われます。

一部の不心得者によって当時の真宗全般が世の中の誤解と悪評を招き、あわや幕府の弾圧を被りかねない事態が解消されたことは、歴史的にも大きな意味があり、性信さんの偉大さが偲ばれる所です。

性信さんについては、まだまだ外にも語るべきものが多くありますが、親鸞聖人との出遇いの中で一生涯《しょうがい》を「信心のよろこび」に徹《てっ》して生きられた一端《いったん》に触れただけで、心残りながらもこのお話を閉じることにします。

あとがき

近江の錦織寺を舞台にして展開されてきた日本真宗の黎明の歴史とロマンを物語風に描写《びょうしゃ》する中で真宗易行《いぎょう》の親近性《しんきんせい》と普遍性《ふへんせい》の一端を学んでいただくことができたと思います。これは、単なる「近江」とか「木辺一派」という狭い視野《しや》から提起したものではなく、釈尊の仏法から龍樹をはじめとする七高祖の教義を踏まえて成就された大乗の極致《ごくち》真宗がこの日本において親鸞・存覚の二大巨星のもとに顕彰《けんしょう》されたことを正当に高く評価していただくためのものでもあります。日本特有の精神風土の中で培われた真宗黎明の輝きは、現代のわが国においては、ともすれば忘れがちな現状ですが、世界平和の混迷《こんめい》時代にあっては、親鸞聖人の明言された「世のなか安穏《あんのん》なれ、仏法ひろまれ」「涅槃真因唯以信心」が現代世界の無明《むみょう》の闇を照らす灯明《とうみょう》となることを希《こいねが》うものであります。

釈尊の無上の覚《さと》り「涅槃」を承けて論ずる龍樹菩薩の『中論』において明かす「般《はん》若《にゃ》」（プラジュニャ）の「非有非無非非有非非無」こそが「涅槃」の真実であって人間思惟の限界を超えた絶対無限の世界から世俗の相対性を否定し続けてやまないものです。しかもその相容《あいい》れない相対を生み出した縁起の法が涅槃の真実であり、その両者が一体となって、この世のすべてのものが存在しているのです。この仏法は人類普遍の法、宇宙の原理であって、これを看過《かんか》することは、いつの時代いかなる場においても人間社会を無明と混迷という不幸のまま放置《ほうち》することではないでしょうか。

この物語に示唆《しさ》する所の歴史とロマンの中から、現代人一人一人が人として生きて輝くための指標を見つけ出していただければ、それを小生令和ルネッサンスの本懐とさせていただきます。

著者　北村文雄

著者紹介
北村文雄（きたむら　ふみお）
文学博士・本山錦織寺碩学　西福寺前住
1934（昭和９）年、滋賀県守山市生まれ。1957（昭和32）年、滋賀大学教育学部卒業後、県下各地の公立小学校の教諭・教頭・校長を歴任。その間、1982（昭和57）年より３年間、滋賀県教育委員会社会教育主事。
1992（平成４）年より３年間、滋賀県同和教育研究会会長。1995（平成７）年、定年退職。2004（平成16）年、龍谷大学大学院真宗学専攻修士課程修了。2010（平成22）年、同博士課程修了。
2005（平成17）年より12年間真宗木辺派本山錦織寺参務・教学伝道部長。

著書『親鸞の二諦説とその展開』（法蔵館）2011年10月
　　『教行信証と涅槃経』（永田文昌堂）　2014年３月

日本真宗の黎明

令和２（2020）年４月10日　第１刷

著　者　北　村　文　雄
発行者　永　田　　悟
印刷所　㈱図書印刷　同　朋　舎
製本所　㈱吉田三誠堂
発行所　創業慶長年間　永　田　文　昌　堂
京都市下京区花屋町通西洞院西入
電　話　０７５（371）６６５１番
ＦＡＸ　０７５（351）９０３１番

ISBN978-4-8162-4056-0 C1015